A dor de amar

Transmissão da Psicanálise
diretor: Marco Antonio Coutinho Jorge

J.-D. Nasio

A dor de amar

ZAHAR

Título original:
La douleur d'aimer

Tradução autorizada da edição francesa
publicada em 2005 por Payot & Rivages, de Paris, França

rua Marquês de S.Vicente 99 – 1º | 22451-041 Rio de Janeiro, RJ
tel (21) 2529-4750 | fax (21) 2529-4787
editora@zahar.com.br | www.zahar.com.br

Este livro é uma versão amplamente revista
e aumentada dos primeiros capítulos de
O livro da dor e do amor (Zahar, 1997) e foi traduzido por
André Telles a partir da tradução original de Lucy Magalhães.

Projeto gráfico e composição: Victoria Rabello
Capa: Sérgio Campante

CIP-Brasil. Catalogação-na-fonte
Sindicato Nacional dos Editores de Livros, RJ.

Nasio, Juan-David
N211d A dor de amar / J.-D. Nasio; [tradução, André Telles e Lucy Magalhães].
– Rio de Janeiro: Zahar, 2007.

Tradução de: La douleur d'aimer
Inclui bibliografia
ISBN 978-85-378-0023-2

1. Dor Aspectos psicológicos. 2. Sofrimento Aspectos psicológicos.
3. Amor Aspectos psicológicos. 4. Psicanálise. I. Título.

CDD: 152.4
07-2448 CDU: 159.94

O amor é uma espera
e a dor
a ruptura súbita e imprevisível
dessa espera.

Sumário

Clémence
ou A travessia da dor

Clémence tinha trinta e oito anos. Sofria de esterilidade e lutava para tornar-se mãe. Estava em análise comigo há três anos. Ainda me lembro muito bem do dia em que, informando-me de que enfim estava grávida, exclamou: "Conseguimos!" Senti então que eu compartilhava a felicidade de um grupo de pessoas próximas que, com Clémence, se mobilizara para conseguir essa gravidez. Pensei no seu marido, tão presente, e no seu ginecologista, um excelente especialista em esterilidade.

Durante os meses seguintes, as sessões foram essencialmente dedicadas a viver e a dizer esse período intenso em que uma mulher descobre que vai ser mãe. Chegou a hora do parto e Clémence deu à luz uma criança maravilhosa. Naquele dia, ela telefonou, radiante, para me participar o nascimento de um menino chamado Laurent. Também fiquei feliz e cumprimentei-a calorosamente. Três dias depois, tive a surpresa de receber um segundo telefonema completamente diferente. Com voz surda e abafada, quase inaudível, ela disse: "Perdi o meu bebê. Morreu hoje de manhã na clínica. Não sabemos como aconteceu." Ouvindo essas palavras terríveis, fiquei paralisado e só pude dizer: "Não é possível! É absurdo!"

Por algum tempo, Clémence não se manifestou. Seu silêncio não me surpreendia, porque eu sabia, por experiência, como a pessoa enlutada, abatida pelo golpe de uma perda violenta, recusa-se categoricamente a encontrar-se com aqueles que, antes do drama, estavam ligados ao desaparecido. Até imaginei que minha paciente fosse interromper a análise, porque eu estava inevitavelmente associado à sua luta pela fecundação, ao sucesso da gravidez, à felicidade do nascimento, e agora à dor atroz de uma perda brutal e incompreensível. Talvez ela desistisse de continuar comigo o seu atual caminho analítico, para retomá-lo mais tarde com outro profissional. Era necessário, pensei, que imperativamente o seu mundo mudasse. Ora, a realidade foi diferente.

Com efeito, pouco tempo depois desse acontecimento trágico, Clémence voltou. Esgotada, estava incapaz de locomover-se sozinha, e tiveram que acompanhá-la até a sala de espera. Indo ao seu encontro, vi uma mulher transformada pela desgraça. Não era mais do que um corpo impessoal, extenuado, esvaziado de qualquer força, agarrando-se apenas às imagens onipresentes do bebê, em todas as cenas em que ele ainda estava vivo. Seu corpo encarnava perfeitamente o eu exangue do ser sofredor, um eu prostrado, suspenso à lembrança muito viva do filho desaparecido; lembrança martelada por uma pergunta obsessiva: "De que ele morreu? Por que, como ele morreu? Por que aconteceu comigo?"*

---

* Laurent morreu no berçário, no meio da noite, enquanto Clémence dormia. Foi o seu obstetra – o mesmo que tornara

Sabemos que esse estado de dor extrema, que perpassa o enlutado, essa mistura de esvaziamento do eu e de contração em uma imagem-lembrança, é a expressão de uma defesa, de um estremecimento de vida. Também sabemos que essa dor é a última muralha contra a loucura. No registro dos sentimentos humanos, a dor psíquica é efetivamente o derradeiro afeto, a última crispação do eu desesperado, que se contrai para não naufragar no nada. Durante todo esse período, que se seguiu imediatamente à morte de Laurent, ouvi muitas vezes Clémence dizer que tinha medo de ficar louca. E, em certos momentos, ela até parecia louca. Às vezes, a aflição da pessoa enlutada dá lugar a tais impulsos de exaltação, em que as imagens demasiado claras e distintas do morto são vividas com a nitidez de uma alucinação.

Entretanto, todo o meu saber sobre a dor – naquela época, eu já estava escrevendo este livro – não me protegeu do impacto violento que recebi ao acolher a minha paciente logo depois do acidente. Naquele momento, o nosso laço se reduziu a podermos ser fracos juntos: Clémence arrasada pelo sofrimento e eu sem acesso à sua dor. Eu ficava ali, desestabilizado pela impenetrável infelicidade do outro. As palavras me pareciam inúteis e fiquei reduzido a fazer eco ao seu grito lancinante. Sabia

---

possível a gravidez e fizera o parto – que, na manhã seguinte, lhe participou o falecimento, sem poder apresentar explicações. Hoje, Clémence e seu marido continuam a ignorar a causa exata da morte do filho.

que a dor se irradia para quem escuta. Sabia que, em um primeiro momento, eu tinha apenas que ser aquele que, só por sua presença – mesmo silenciosa –, podia dissipar o sofrimento ao receber as suas irradiações. E que essa impregnação aquém das palavras poderia, justamente, inspirar-me as palavras adequadas para expressar a dor e acalmá-la enfim.

Após esse período de alguns meses, em que recebi Clémence frente a frente, e em que a minha escuta se limitou a acompanhar o melhor possível as flutuações da sua infelicidade, ela retomou a sua posição no divã. Foi então que ela pôde começar, verdadeiramente, o seu trabalho de luto – trabalho marcado por uma sessão determinante, que desejo evocar aqui.

Clémence tinha horror de ouvir as palavras de consolo que, nessas circunstâncias, ocorrem tão facilmente aos amigos e próximos: "Não se atormente! Pense em uma nova gravidez. Você ainda tem tempo. Tenha outro filho e você verá que vai esquecer!" Essas palavras inábeis lhe eram profundamente insuportáveis e a punham fora de si. Eu compreendia a veemência da sua reação, porque essas frases supostamente reconfortantes eram efetivamente um apelo ao esquecimento, uma incitação a suprimir pela segunda vez o filho morto. Uma incitação a perdê-lo de novo, não mais na realidade, mas "no coração". Como se, revoltada, Clémence gritasse para o mundo: "Perdi meu filho e sei que ele não voltará mais. Sei que ele não está mais vivo, mas ele continua a viver em mim. E vocês querem que eu o esqueça! Que ele desapareça pela segunda vez!" Pedir a Clémence que esquecesse o filho morto, substituindo-o por outro antes de realizar o seu luto, só podia violentá-la. Era pedir-lhe que não mais amasse a imagem do bebê desaparecido, logo que se privasse do único recurso capaz de amenizar a dor, e finalmente que renunciasse a preservar o seu equilíbrio psíquico. A imagem do ser perdido não deve se apagar; pelo contrário, ela deve dominar até o momento em que – graças ao luto – a pessoa enlutada consiga fazer com que coexistam o amor pelo desaparecido e um mesmo amor por um novo eleito. Quando essa coexistência do antigo e do novo se instala no inconsciente, podemos estar seguros de que o essencial do luto começou.

Eu não estava pensando em todas essas considerações teóricas quando, durante uma sessão que ocorreu cerca de oito meses depois do falecimento, interferi de uma maneira que se revelou decisiva. Clémence estava no divã e me falava com o tom de alguém que acabava de reencontrar o gosto pela vida. Eu estava muito concentrado na escuta e, no momento de intervir, pronunciei estas palavras, quase mecanicamente: "... porque, se nascer um segundo filho, quero dizer um irmão ou irmã de Laurent..." Antes que eu pudesse terminar a frase, a paciente me interrompeu e exclamou surpreendida: "É a primeira vez que ouço dizer 'o irmão ou irmã de Laurent'! Tenho a impressão de que um enorme peso foi tirado de mim." Ocorreu-me então uma idéia que eu logo comuniquei à minha paciente: "Onde quer que Laurent se encontre agora, estou certo de que ele ficaria feliz de saber que um dia você lhe dará um irmãozinho ou irmãzinha." Eu também estava surpreso de ter expresso espontaneamente, em tão poucas palavras, o essencial da minha concepção de luto, segundo a qual a dor se acalma se a pessoa enlutada admitir enfim que o amor por um novo eleito vivo nunca abolirá o amor pelo desaparecido. Assim, para Clémence, o futuro filho que talvez nasça nunca tomará o lugar do seu irmão mais velho, hoje falecido. Ele terá o seu próprio lugar, o lugar que o seu desejo, o desejo dos seus pais e o seu destino lhe reservam. E, simultaneamente, Laurent continuará sendo, para sempre, o insubstituível primeiro filho.[1]

Liminar

Desejei abrir este livro com um fragmento de análise, ou melhor, um fragmento de vida, que põe em presença dois seres: o que sofre e o outro que acolhe o sofrimento. Uma mãe devastada pela perda cruel de um primeiro bebê tão esperado e tão brutalmente desaparecido e um psicanalista que tenta dar sentido a uma dor que, em si mesma, não tem nenhum sentido. Em si, a dor não tem nenhum valor nem significado. Ela está ali, feita de carne ou de pedra, e no entanto, para acalmá-la, temos que tomá-la como a expressão de outra coisa, destacá-la do real, transformando-a em símbolo. Atribuir um valor simbólico a uma dor que é em si puro real, emoção brutal, hostil e estranha, é enfim o único gesto terapêutico que a torna suportável. Assim, o psicanalista é um intermediário que acolhe a dor inassimilável do paciente e a transforma em uma dor simbolizada.

Mas o que significa então dar um sentido à dor e simbolizá-la? Não é, de modo algum, propor uma interpretação forçada da sua causa, nem mesmo consolar o sofredor, e menos ainda estimulá-lo a atravessar a sua pena como uma experiência formadora, que fortaleceria o seu caráter. Não; dar um sentido à dor do outro significa, para o psicanalista, afinar-se com a dor, tentar vibrar com ela, e, nesse estado de ressonância, esperar que o tempo e as palavras se gastem. Com o paciente transformado nessa dor, o analista age como um bailarino que, diante do tropeço de sua parceira, a segura, evita que ela caia e, sem perder o passo, leva o casal a reencontrar o ritmo inicial. Dar um sentido a uma dor insondável é finalmente construir para ela um lugar no seio da transferência, onde ela poderá ser clamada, pranteada e gasta com lágrimas e palavras.

★

Ao longo destas páginas, gostaria de transmitir o que eu próprio aprendi, isto é, que a dor mental não é necessariamente noviça; ela baliza a nossa vida como se amadurecêssemos a golpes de dores sucessivas. Para quem pratica a psicanálise, revela-se com toda a evidência – graças à notável lente da transferência analítica – que a dor, no coração do nosso ser, é o sinal incontestável da passagem por uma prova. Quando uma dor aparece, podemos acreditar, estamos atravessando um limiar, passamos por uma prova irreversível. Que prova? A prova de uma separação, da singular separação de um objeto que, deixando-nos súbita e definitivamente, nos transtorna e nos obriga a reconstruir-nos. A dor psíquica é dor de separação, sim, quando a separação é erradicação e perda de um objeto ao qual estamos tão intimamente ligados – a pessoa amada, uma coisa material, um valor, ou a integridade do nosso corpo – que esse laço é constitutivo de nós próprios. Isso diz como o nosso inconsciente é o fio sutil que liga as diversas separações dolorosas da nossa existência.

Vamos estudar a dor, tomando como exemplo a aflição que nos afeta quando somos golpeados pela morte de um ser querido. O *luto* do amado é, de fato, a prova mais exemplar para compreender a natureza e os mecanismos da dor mental. Entretanto, seria falso acreditar que a dor psíquica é um sentimento exclusivamente provocado pela perda de um ser amado. Ela também pode ser dor de *abandono*, quando o amado nos retira subitamente o seu amor; de *humilhação*, quando somos profundamente feridos no nosso amor-próprio; e dor de *mutilação*, quando perdemos uma parte do nosso corpo. Todas essas dores são, em diversos graus, dores provocadas pela amputação brutal de um objeto amado, ao qual estávamos tão intensa e permanentemente ligados que ele regulava a harmonia do nosso psiquismo. Uma vez que esse laço se chama *amor*, diremos então que a *dor só existe sobre um fundo de amor*.

★

A dor psíquica, porém, é um sentimento obscuro, difícil de definir que, mal é apreendido, escapa à razão. Assim, seu mistério nos incita a procurar a teoria mais precisa possível do mecanismo daquilo que causa dor. Há nisso como que um desafio de querer demarcar um afeto que se esquiva ao pensamento. Pude constatar o quanto a literatura analítica era extremamente limitada nessa área.

Os próprios Freud e Lacan apenas raramente abordaram o tema da dor e nunca lhe dedicaram um estudo exclusivo. Assim, vou tentar expor uma metapsicologia da dor. Uma metapsicologia porque é a única abordagem teórica satisfatória para explicar detalhadamente o mecanismo de formação da dor psíquica.

Antes de começar, quero estabelecer alguns preliminares e dizer aos meus leitores que a dor – física ou psíquica, pouco importa – é sempre um fenômeno de limite. Ela emerge sempre no nível de um limite, seja o limite impreciso entre o corpo e a psique, seja entre o eu e o outro, ou, principalmente, entre o funcionamento bem regulado do psiquismo e o seu desregramento.

Outra observação inicial se refere ao vocabulário que utilizarei para distinguir dor corporal e dor psíquica. Essa distinção, embora necessária para a clareza do meu objetivo, não é rigorosamente fundada. Do ponto de vista psicanalítico, não há diferença entre a dor física e a dor psíquica, ou, mais exatamente, não há diferença entre a emoção própria da dor física e a emoção própria da dor psíquica. A razão disso é, acabamos de sugerir, que a dor é um fenômeno misto que surge no limite entre corpo e psique. Se vocês estudarem a dor corporal, por exemplo, constatarão que, deixando de lado seus estritos mecanismos neurobiológicos, a emoção dolorosa exprime-se essencialmente por uma perturbação do psiquismo. Deixemos claro desde logo que só existe dor a partir de certa intensidade e duração da excitação. Acrescentemos também que o modelo da dor corporal esboçado por

Freud no início de sua obra esclareceu imensamente nossa concepção da dor psíquica.

Uma outra precisão terminológica diz respeito à diferença entre as palavras "sofrimento" e "dor". Classicamente, esses termos se distinguem da seguinte maneira: enquanto a dor corporal e a dor psíquica remetem à causa que as provoca, o sofrimento designa uma perturbação mais global, provocada por uma excitação geralmente violenta. Se a dor é uma emoção bem delimitada e determinada, o sofrimento, em contrapartida, permanece uma emoção global mal definida. Por conseguinte, preferi privilegiar a palavra "dor", mais precisa e rigorosa, e lhe conferir um status de conceito psicanalítico; além disso, acrescentei a palavra "amar" para mostrar que a dor psíquica é definitivamente uma dor de amar.

Última observação preliminar. A fim de melhor situar a nossa abordagem, desejo propor uma visão de conjunto da dor dividida em três grandes categorias. Antes de tudo, a dor é um *afeto*, o derradeiro afeto, a última muralha antes da loucura e da morte. Ela é como que um estremecimento final que comprova a vida e o nosso poder de nos recuperarmos. Não se morre de dor. Enquanto há dor, também temos as forças disponíveis para combatê-la e continuar a viver. É justamente essa noção de dor-afeto que vamos estudar neste livro.

Em seguida, segunda categoria: a dor considerada como *sintoma*, isto é, como a manifestação exterior e sensível de uma pulsão inconsciente e recalcada. Vamos tomar o caso exemplar de uma dor física que revela a existência de um sofrimento inconsciente. Penso nessas enxaquecas histéricas, persistentes, flutuantes ao sabor de situações afetivas e sem causa detectável. Pois bem, diremos que a enxaqueca é um sintoma, isto é, uma sensação dolorosa que traduz uma comoção recalcada no inconsciente. Incluo nesse conjunto todas as dores qualificadas pela medicina atual como dores "psicogênicas". Se consultarmos uma das muitas publicações médicas recentes dedicadas à dor, encontraremos inevitavelmente uma contribuição, em geral muito curta, sobre a dor psicogênica. O que significa esse qualificativo de "psicogênica"? Designa as diversas dores corporais sem causa orgânica detectável e às quais se atribui, por falta de melhor explicação, uma origem psíquica.

A terceira e última categoria psicanalítica da dor remete à perversão. Com efeito, trata-se da dor como *objeto do prazer* perverso sadomasoquista.

★

Concretamente, vamos proceder da seguinte forma: neste volume, vamos abordar a dor psíquica como dor de amar, e, numa segunda obra dedicada à dor corporal, vamos propor uma concepção psicanalítica da dor psíquica. Mas antes de tudo precisamos identificar as diferentes etapas da formação de uma dor, seja de que tipo for.

Quer se trate de uma dor psíquica provocada pela ruptura de um laço com o outro, pela imagem de si ferida ou por uma agressão à imagem do corpo; quer se trate de uma dor corporal provocada pela lesão dos tecidos, a dor se forma no espaço de um instante. Entretanto, veremos que a sua geração, embora instantânea, segue um processo complexo. Esse processo pode ser decomposto em três tempos: começa com uma *ruptura*, continua com a *comoção* psíquica que a ruptura desencadeia e culmina com uma *reação* defensiva do eu para proteger-se da comoção. Em cada uma dessas etapas, domina um aspecto particular da dor.

Assim, aparecem sucessivamente: uma dor própria da ruptura, depois uma dor inerente ao estado de comoção e enfim uma dor suscitada pela defesa reflexa do eu em resposta à comoção. Evidentemente, essas três dores na realidade são apenas os diferentes aspectos de uma só e mesma dor, formada instantaneamente.

Durante o nosso percurso, seja para aprofundar a dor corporal ou a dor psíquica, respeitaremos esses três tempos: tempo da *ruptura*, tempo da *comoção* e tempo da *reação defensiva do eu*.

★

Aqui, quero desde já propor a premissa maior de nossa teoria psicanalítica da dor.

Nossa premissa: a dor é um afeto que reflete na consciência as variações extremas da tensão inconsciente, variações que escapam ao princípio de prazer.

Explico-me. Um sentimento vivido é, segundo pensamos, a manifestação consciente do movimento ritmado das pulsões. Todos os nossos sentimentos exprimem na consciência as variações de intensidade das tensões inconscientes. Postulo que a emoção dolorosa manifesta na consciência não oscilações regulares da tensão inconsciente, mas um estremecimento da cadência pulsional. Mas por que caminhos as pulsões se tornam sentimentos vividos? Este é o trabalho do eu: o eu consegue perceber no fundo de si mesmo – no seio do isso –, e com uma extraordinária acuidade, as variações das pulsões internas, para repercuti-las na superfície da consciência sob forma de afetos. Assim, o eu é realmente um intérprete capaz de ler no interior a língua das pulsões e traduzi-la no exterior na língua dos sentimentos. Como se ele possuísse um órgão detector orientado para o interior, servindo para captar as modulações pulsionais e transpô-las para a tela da consciência, sob forma de emoções. Quando essas modulações são moderadas, elas se tornam conscientes como sentimentos de prazer e de desprazer; e quando elas são extremas e agitadas, tornam-se dor.

Habitualmente, o funcionamento psíquico é regido pelo princípio de prazer, que regula a intensidade das tensões pulsionais e as torna toleráveis. Mas se ocorre uma ruptura brutal com o ser amado, as tensões se desencadeiam e o princípio regulador de prazer se torna inoperante. Enquanto o eu, voltado para o interior, percebia as flutuações regulares das pressões pulsionais, podia sentir sensações de prazer e desprazer; agora que ele percebe no seu interior o transtorno das tensões incontroláveis, é dor que ele sente. Um esclarecimento: embora desprazer e dor pertençam à mesma categoria dos sentimentos desagradáveis, podemos distingui-los nitidamente e afirmar: *o desprazer não é a dor.* Ao passo que o desprazer exprime a autopercepção pelo eu de uma tensão elevada mas passível de ser modulada, a dor exprime a autopercepção de uma tensão descompassada. O desprazer é pois uma sensação que reflete na consciência um aumento da tensão pulsional, aumento submetido às leis do princípio de prazer. Em contrapartida, a dor é o testemunho de um profundo desregramento da vida psíquica que escapa ao princípio de prazer.

Assim, ao longo das páginas que se seguirão, veremos a dor aparecer como um afeto provocado não tanto pela perda do ser amado mas pela autopercepção que o eu tem do tumulto interno desencadeado por essa perda. Na verdade, a dor não é dor de perder, mas dor do caos das pulsões descontroladas. Em suma, o sentimento doloroso reflete não as oscilações regulares das pulsões, mas o ritmo louco da cadência pulsional.

★

★ ★

A dor psíquica é uma dor de amar

Quanto mais se ama, mais se sofre

★

Perder o ser que amamos

★

O amado cujo luto devo realizar é aquele que me faz feliz e infeliz ao mesmo tempo

★

O amor é a presença em fantasia do amado no meu inconsciente

★

A pessoa do amado

★

A presença real do amado no meu inconsciente: uma força

★

A presença simbólica do amado no meu inconsciente: um ritmo

★

A presença imaginária do amado no meu inconsciente: um espelho interior

★

A dor do enlouquecimento pulsional

★

Resumo das causas da dor de amar

A dor de amar é uma lesão do laço íntimo com o outro, uma dissociação brutal daquilo que é naturalmente chamado a viver junto.

Ao contrário da dor corporal causada por um ferimento, a dor psíquica ocorre sem agressão aos tecidos. O motivo que a desencadeia não se localiza na carne, mas no laço entre aquele que ama e seu objeto amado. Quando a causa se localiza nessa encarnação de proteção do eu que é o corpo, qualificamos a dor de corporal; quando a causa se situa mais-além do corpo, no espaço imaterial de um poderoso laço de amor, a dor é denominada "dor de amar". Assim, podemos desde já propor a primeira definição de dor de amar, como *o afeto que resulta da ruptura brutal do laço que nos liga ao ser ou à coisa amados.*[*] Essa ruptura, violenta e

[*] Dizemos "amado", mas o ente ao qual estamos ligados e cuja separação brusca gera

súbita, suscita imediatamente um sofrimento interior, vivido como um dilaceramento da alma, como um grito mudo que jorra das entranhas.

De fato, a ruptura de um laço amoroso provoca um estado de choque semelhante àquele desencadeado por uma violenta agressão física: a homeostase do sistema psíquico é rompida, e o princípio de prazer, abolido. Sofrendo a comoção, o eu consegue, apesar de tudo, autoperceber o seu transtorno, isto é, consegue detectar dentro de si o enlouquecimento das suas tensões pulsionais desencadeadas pela ruptura. A percepção desse caos logo se traduz na consciência pela viva sensação de uma atroz dor interior. Vamos propor então uma segunda definição da dor de amar, considerada desta vez do ponto de vista metapsicológico, e digamos que *a dor é o afeto que exprime na consciência a percepção pelo eu – percepção orientada para o interior – do estado de choque, do estado de comoção pulsional (trauma) provocado*

A dor está sempre ligada à subitaneidade de uma ruptura, à travessia súbita de um limite, mais-além do qual o sistema psíquico é subvertido sem ser desestruturado.

---

dor é um ente igualmente amado, odiado e angustiante.

pelo arrombamento não do invólucro corporal do eu, como no caso da dor física, mas pela ruptura súbita do laço que nos liga ao outro eleito. Portanto, a dor de amar é uma dor traumática.

Quanto mais se ama, mais se sofre

São os seguintes os diferentes estados simultâneos do eu atravessado pela dor:
- *o eu que* ***sofre*** *a comoção;*
- *o eu que* ***observa*** *sua comoção;*
- *o eu que* ***sente*** *a dor;*
- *e o eu que* ***reage*** *à comoção.*

Mas o que é que rompe o laço amoroso, dói tanto e mergulha o eu no desespero? Freud responde sem hesitar: é a perda súbita do ser amado ou do seu amor. Acrescentamos: a perda brutal e irremediável do amado. É o que advém quando a morte fere subitamente um de nossos próximos, pai ou cônjuge, irmão ou irmã, filho ou amigo querido. A expressão "perda do ser amado", usada por Freud nos últimos anos da sua vida, aparece essencialmente em dois textos maiores que são *Inibição, sintoma e angústia* e *Mal-estar na cultura.* Cito um trecho deste último: "O sofrimento nos ameaça de três lados: no nosso próprio corpo, destinado à decadência e à dissolução ...; do lado do mundo exterior, que dispõe de forças invencíveis e inexoráveis para nos perseguir e aniquilar." A terceira ameaça, que nos interessa agora, "provém das nossas relações com os seres humanos." E Freud precisa: "O sofrimento oriundo dessa fonte é talvez mais duro para nós do que qualquer outro". Ele examina então, com muito cuidado, um depois do outro, os diferentes meios de evitar os sofrimentos corporais e as agressões exteriores. Mas quando aborda o meio de proteger-se contra o sofrimento que nasce da relação com o outro, que remédio encontra? Um remédio aparentemente muito simples, o do amor ao próximo. De fato, para preservar-se da infelicidade, alguns preconizam uma concepção de vida que toma como centro o amor, e na qual se pensa que toda alegria vem de amar e ser amado. É verdade – confirma Freud – que "uma atitude psíquica como essa é muito familiar a todos nós". Certamente, nada mais natural do que amar para evitar o conflito com o outro. Vamos amar, sejamos amados e afastaremos o mal. Entretanto, é o contrário que ocorre. O clínico Freud constata: "Nunca estamos tão mal protegidos

Meu amado me protege contra a dor enquanto o seu ser palpita em sincronia com os batimentos dos meus sentidos. Mas basta que ele desapareça bruscamente ou me retire o seu amor, para que eu sofra como nunca.

contra o sofrimento como quando amamos, nunca estamos tão irremediavelmente infelizes como quando perdemos a pessoa amada ou o seu amor." Acho essas frases notáveis porque elas dizem claramente o paradoxo incontornável do amor: mesmo sendo uma condição constitutiva da natureza humana, o amor é sempre a premissa insuperável dos nossos sofrimentos. Quanto mais se ama, mais se sofre.

Como se o eu angustiado já tivesse tido a experiência de uma antiga dor, cuja volta ele teme. A angústia é o pressentimento de uma dor futura, enquanto a saudade é a lembrança triste e complacente de uma alegria e de uma dor passadas.

No outro texto, *Inibição, sintoma e angústia*, a mesma fórmula – "perda do objeto amado" – é usada por Freud para distinguir a dor psíquica e a angústia. Como diferencia ele cada um desses afetos? Propõe o seguinte paralelo: enquanto a dor é a reação à perda *efetiva* da pessoa amada, a angústia é a reação à *ameaça* de uma perda eventual. Retomando o nosso desenvolvimento, propomos refinar essas definições freudianas e precisar: a dor é a reação à *comoção pulsional* efetivamente provocada por uma perda, enquanto a angústia é a reação à *ameaça* de uma eventual *comoção*. Mas como explicar o que parece tão evidente, que a perda súbita do amado ou do seu amor seja tão dolorosa para nós? Quem é esse outro tão amado cujo desaparecimento inesperado provoca comoção e dor? Com que trama é tecido o laço amoroso, para que a sua ruptura seja sentida como uma perda? O que é uma perda? O que é a dor de amar?

Perder o ser que amamos

A imagem do objeto perdido, a sua "sombra", cai sobre o eu e encobre uma parte dele.

Vamos deixar as respostas para depois, e consideremos agora a maneira pela qual o eu reage à comoção desencadeada pela perda do ser amado. Definimos a dor de amar como o afeto que traduz na consciência a autopercepção pelo eu da comoção provocada pela perda. Nós a chamamos então de *dor traumática*. Agora, completamos dizendo que ela é a dor produzida quando o eu se defende *contra o trauma*. Mais precisamente, *a dor de amar é o afeto que traduz na consciência a reação defensiva do eu quando, sendo comocionado, ele luta para se reencontrar*. A dor é, neste caso, uma reação.

Mas qual é essa reação? Diante do transtorno pulsional introduzido pela perda do objeto amado, o eu se ergue: apela para todas as suas forças vivas – mesmo com o risco de esgotar-se – e as concentra em um único ponto, o da representação psíquica do amado perdido. A partir de então, o eu fica inteiramente ocupado em manter viva a imagem mental do desaparecido. Como se ele se obstinasse em querer compensar a ausência real do outro perdido magnificando a sua imagem. O eu se confunde então quase totalmente com essa imagem soberana, e só vive amando, e por vezes odiando a efígie de um outro desaparecido. Efígie que atrai para si toda a energia do eu e o faz sofrer uma aspiração medular violenta, que o deixa exangue e incapaz de interessar-se pelo mundo exterior. Descrevemos aqui a mesma crispação defensiva do eu que intervém na gênese da dor física (*dor de reagir*), quando toda a energia psíquica "pensa" a representação do ferimento (FIGURA 1). Essa teoria é amplamente desenvolvida em nosso volume dedicado à dor corporal.

"... uma aspiração no psiquismo produz um efeito de sucção sobre as quantidades de excitações vizinhas.
... esse processo de aspiração tem o efeito de um ferimento (hemorragia interna) análogo à dor."
Freud

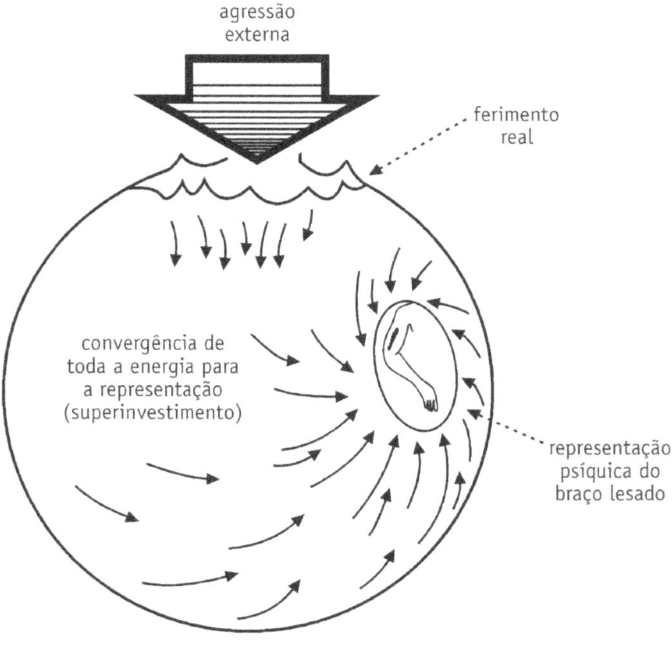

FIGURA 1

O eu cicatriza a representação do ferimento, por não poder cicatrizar o ferimento real.

Agora, a mesma energia aflui e se concentra na representação do ser amado e desaparecido. A dor de perder um ser caro se deve pois ao afastamento que existe entre um eu exangue e a imagem sempre viva do desaparecido.

Na dor física, o superinvestimento incide na representação do corpo morto.

A reação do eu para amortecer a comoção desencadeada pela perda se decompõe assim em dois movimentos: um, evidentemente súbito, de toda a sua energia – movimento de *desinvestimento* – e outro uma polarização de toda essa energia sobre a imagem de um detalhe da pessoa amada – movimento de *superinvestimento*. A dor mental resulta assim de uma dupla reação defensiva: o eu desinveste subitamente a quase totalidade das suas representações para superinvestir maciçamente uma única representação, a representação do amado que não existe mais. O esvaziamento súbito do eu é um fenômeno tão doloroso quanto a contração em um ponto. Os dois movimentos de defesa contra o trauma geram dor. Mas se a dor do desinvestimento toma a forma clínica de uma inibição paralisante, a do super-

A dor ocorre a cada vez que acontece um deslocamento maciço e súbito de energia. Assim, o desinvestimento do eu dói, e o desinvestimento da lembrança também dói.

investimento é uma dor pungente e que oprime. Vamos propor então uma nova definição da dor psíquica, como *o afeto que exprime o esgotamento de um eu inteiramente ocupado em amar desesperadamente a imagem do amado perdido. O langor e o amor se fundem em dor pura.*

Observe-se aqui que a lembrança do ser desaparecido é tão fortemente carregada de afeto, tão superestimada, que acaba não só devorando uma parte do eu, mas também enquistando-se no eu, isto é, tornando-se estranha ao resto do eu que foi desinvestido. Se pensarmos agora no trabalho de luto, veremos que sua realização segue um movimento inverso ao da reação defensiva do eu. Enquanto essa reação consiste em um superinvestimento da representação do morto, o trabalho de luto é um desinvestimento progressivo desta. Realizar um luto significa, de fato, desinvestir pouco a pouco a representação saturada do amado perdido, para torná-la de novo conciliável com o conjunto da rede das representações egóicas. O luto não é nada mais do que uma lentíssima redistribuição da energia psíquica até então concentrada em uma única representação que era dominante e estranha ao eu.

Compreende-se então que se esse trabalho de desinvestimento que deve se seguir à morte do outro não se cumprir, e se o eu ficar assim imobilizado em uma representação coagulada, o luto se eterniza em um estado crônico, que paralisa a vida da pessoa enlutada durante vários anos, ou até durante toda a sua existência. Penso em um analisando que, tendo perdido a mãe quando era

O luto patológico consiste em uma onipresença psíquica do outro morto.

muito jovem e sofrendo de um luto inacabado, me dizia: "Uma parte dela está desesperadamente viva em mim, e uma parte de mim está para sempre morta com ela." Essas palavras, de uma cruel lucidez, revelam um ser distorcido e desenraizado por uma dor crônica. Como não evocar aqui os rostos disformes e os corpos atormentados que habitam as telas desse pintor da dor que é Francis Bacon?

O que dói não é perder o ser amado, mas continuar a amá-lo mais do que nunca, mesmo sabendo-o irremediavelmente perdido.

O eu do enlutado é, portanto, um eu dissociado entre dois estados: por um lado, todo contraído em um ponto, o da imagem do outro morto, com a qual ele se identifica quase totalmente; por outro lado esvaziado e exangue. Lembremo-nos de Clémence, sugada pelas imagens obsessivas do seu bebê morto e esvaziada de toda a sua força. Entretanto, existe uma outra dissociação que provoca a dor de amar. O eu fica esquartejado entre o seu amor desmedido pela efígie do objeto perdido e a constatação lúcida da ausência definitiva desse objeto. O dilaceramento não se situa mais entre contração e esvaziamento, mas entre contração – isto é, amor excessivo dedicado a uma imagem – e reconhecimento agudo do caráter irreversível da perda. O eu ama o objeto que continua a viver nele, ele o ama como nunca o amara, e, no mesmo momento, sabe que esse objeto não voltará mais. O que dói não é perder o ser amado, mas continuar a amá-lo mais do que nunca, mesmo sabendo-o irremediavelmente perdido. Amor e saber se separam. O eu fica esquartejado entre um surdo amor interior que faz o ser desaparecido reviver e a certeza de uma ausência incontestável. Essa falha entre a presença viva do outro em mim e sua ausência real é uma clivagem tão insuportável que muitas vezes tendemos a reduzi-la, não moderando nosso amor, mas negando a ausência, rebelando-nos contra a realidade da falta e recusando-nos a admitir que o amado nunca mais estará presente.

Entre a cegueira do amor e a clareza do saber, escolho a opacidade do amor que acalma a minha dor.

Essa rebelião contra o destino, essa renegação da perda é algumas vezes tão tenaz que a pessoa enlutada quase enlouquece. A recusa de admitir o fato irremediável da perda ou, o que dá no mesmo, o caráter incontestável da ausência na realidade avizinha-se da loucura, mas atenua a dor. Uma vez passados esses momentos de rebelião, a dor reaparece tão viva quanto antes. Diante da morte súbita de um ser querido, acontece freqüentemente que a pessoa enlutada se ponha à procura dos sinais e dos lugares associados ao morto e, às vezes, a despeito de qualquer razão, imagine que pode fazê-lo reviver e reencontrá-lo. Penso em uma paciente que ouvia os passos do marido morto subindo a escada. Ou na mãe que via com uma extrema acuidade o filho recentemente falecido, sentado à sua mesa de trabalho. Nessas alucinações, a pessoa enlutada vive com uma certeza inabalável a volta do morto e transforma a sua dor em convicção delirante. Compreende-se assim que a supremacia do amor sobre a razão leva a criar uma nova realidade, uma realidade alucinada, em que o amado desaparecido volta sob a forma de uma fantasia.

O fantasma do amado desaparecido

Inspirando-nos no fenômeno do *membro fantasma*, bem conhecido dos neurologistas, chamamos essa alucinação da pessoa enlutada de "fenômeno do amado fantasma". Mas por que o qualificativo de "fantasma"? Lembro que a alucinação do membro fantasma é um distúrbio que afeta uma pessoa amputada de um braço ou perna. Ela sente de modo tão vivo sensações vindas do seu membro desaparecido, que lhe parece que este ainda existe. Do mesmo modo, a pessoa enlutada pode perceber, com todos os seus sentidos e uma absoluta convicção, a presença viva do morto. Para compreender essa impressionante semelhança de reações alucinatórias diante de duas perdas de natureza tão diferente – a de um braço e a de um ser amado – propomos a hipótese seguinte. Vamos precisar logo que o eu funciona como um espelho psíquico composto de uma miríade de imagens, cada uma delas refletindo esta ou aquela parte do nosso corpo ou este ou aquele aspecto dos seres ou das coisas aos quais estamos afetivamente ligados. Quando perdemos um braço, por exemplo, ou um ser querido, a imagem psíquica (representação ou lembrança) desse objeto perdido é, por compensação, fortemente superinvestida. Ora, vimos que esse superinvestimento afetivo da imagem gera dor. Mas o grau superior desse superinvestimento

A pessoa amada é para o eu tão essencial quanto uma perna ou um braço. Seu desaparecimento é tão revoltante que o eu ressuscita o amado sob a forma de um fantasma.

provocará outra coisa além da dor: acarretará a alucinação da coisa perdida, cuja imagem é o reflexo. De fato, a alucinação das sensações fantasmas provenientes do braço amputado, ou a alucinação da presença fantasma de um marido desaparecido se explicariam, ambas, por um superinvestimento tão intenso da imagem desses objetos perdidos que esta acaba sendo ejetada para fora do eu. E é ali, fora do eu, no real, que a representação reaparecerá sob a forma de um fantasma. Diremos então que a representação foi foracluída, isto é, sobrecarregada, ejetada do eu e alucinada. O fenômeno do membro fantasma ou do amado fantasma não se explica mais por uma simples negação da perda do objeto amado – braço amputado ou ser desaparecido –, mas pela *foraclusão* da representação mental do dito objeto (FIGURA 2).

Digamos que a impressionante afinidade entre essas duas alucinações fantasmáticas mostra ainda o quanto a pessoa amada é, na verdade, um órgão interno do eu tão essencial quanto podem ser uma perna ou um braço. Só posso alucinar essa coisa essencial, cuja privação transtorna o funcionamento normal do meu psiquismo. A esse respeito, surge uma pergunta capital: quando diremos que essa coisa é essencial para nós?

★

Justamente, chegou a hora de retomarmos nossas interrogações sobre a natureza do amado, cujo luto devemos realizar no caso de sua morte. De fato, entre todos os que amamos, quais são os raros seres que consideramos

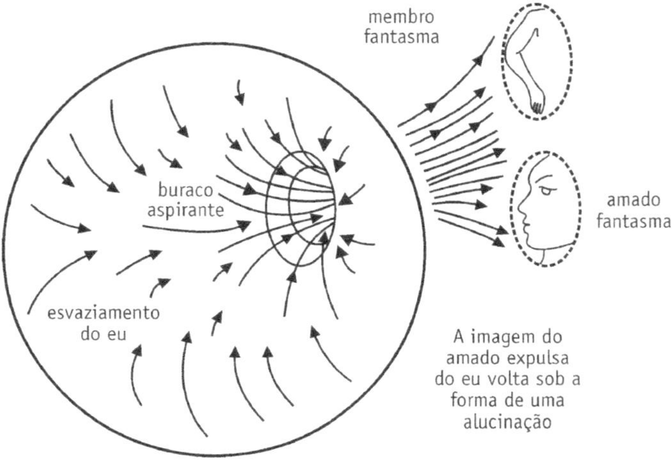

FIGURA 2
Explicação do fenômeno do "membro fantasma" e do que denomino "amado fantasma"

A imagem psíquica de um braço amputado foi tão superinvestida que acaba sendo projetada para fora do eu e percebida pelo sujeito como um braço alucinado. A sua expulsão deixa no psiquismo um buraco aspirante por onde se escoa a energia do eu até o esvaziamento. Pensamos que esse mecanismo de expulsão da imagem do objeto perdido e o seu reaparecimento no real explicam a alucinação do *membro fantasma*. Esse mecanismo, que não é outro senão a foraclusão, explicaria também o distúrbio de algumas pessoas enlutadas, que alucinam o defunto e o vêem como se ele estivesse vivo. Chamamos esse fenômeno de *amado fantasma*. Em ambos os casos, o objeto perdido – o braço amputado ou o morto – continua a existir para o eu.

insubstituíveis, e cuja perda súbita provocaria dor? Quem é meu eleito que faz com que eu seja o que sou, e sem o qual eu não seria mais o mesmo? Que lugar ele ocupa no seio do meu psiquismo para que ele seja tão essencial para mim? Como nomear esse laço que me liga a ele? Com todas essas perguntas, desejaríamos finalmente demarcar o laço misterioso, o do amor, que nos une ao outro eleito. As respostas a essas interrogações vão nos conduzir a uma nova definição da dor.

O amado cujo luto devo realizar é aquele que me faz feliz e infeliz ao mesmo tempo

Para saber quem é o meu eleito, o seu papel no seio do inconsciente e a dor que sua morte provoca, devemos voltar por um instante ao funcionamento ordinário do sistema psíquico. Desta vez, vamos abordá-lo de um ângulo particular. Já dissemos que esse sistema é regido pelo princípio de desprazer/prazer, segundo o qual o psiquismo é submetido a uma tensão que ele procura descarregar, sem nunca conseguir completamente. Enquanto o estado permanente de tensão se chama "desprazer", a descarga incompleta e parcial de tensão se chama "prazer", prazer parcial. Pois bem, no seu funcionamento normal, o psiquismo permanece basicamente submetido ao desprazer, isto é, a uma tensão desprazerosa, já que nunca há descarga completa. Vamos mudar agora a nossa formulação, e ao invés de empregar as palavras "tensão" e "desprazer", vamos utilizar a palavra "desejo". Pois o que é o desejo senão uma tensão ardente vista em movimento, orientada para um alvo ideal, o de chegar ao prazer absoluto, isto é, à descarga total? Assim, diremos que a situação ordinária do sistema inconsciente se define pelo estado tolerável de insatisfação de um desejo[2] que nunca chega a realizar-se totalmente. Entretanto, afirmar que a tensão psíquica continua sempre viva, e até penosa, que o desprazer domina ou que nossos desejos ficam insatisfeitos, não exprime, de modo algum, uma visão pessimista do homem. Pelo contrário, esse enunciado equivale a declarar que ao longo da nossa existência estaremos, felizmente, em estado de carência. Digo felizmente porque essa carência, vazio sempre futuro que atiça o desejo, é sinônimo de vida.

Se quiséssemos representar espacialmente essa parte de insatisfação que atiça o desejo, não a imaginaríamos como o trecho de um caminho que ainda nos resta percorrer para atingir enfim o alvo mítico de um gozo pleno. Não, a insatisfação não é a parte não percorrida do trajeto do desejo até a satisfação absoluta. É de outra forma que lhes peço que a representem. Proponho que a imaginemos, antes, sob a forma de um buraco. Um buraco situado no centro do nosso ser, e em torno do qual gravitariam os nossos desejos. O vazio futuro não está diante de nós, mas em nós. O trajeto do desejo não descreve pois uma linha reta orientada para o horizonte, mas uma espiral girando em torno de um vazio central, que atrai e anima o movimento circular do desejo. Conseqüentemente, declarar que nossos desejos são insatisfeitos significa, espacialmente falando, que eles seguem o movimento em espiral de um fluxo que circunscreve uma carência irredutível.

Vê-se bem que a carência não é apenas um vazio que aspira o desejo; ela é também um pólo organizador do desejo. Sem carência, quero dizer sem esse núcleo atraente que é a insatisfação, o impulso circular do desejo se perturbaria e então só haveria dor. Vamos nos expressar de outra maneira. Se a insatisfação é viva mas suportável, o desejo continua ativo e o sistema psíquico continua estável. Se, ao contrário, a satisfação é demasiado transbordante ou se a insatisfação é demasiado penosa, o desejo perde o seu eixo e a dor aparece. Reencontramos aqui a hipótese que habita o nosso texto, isto é, que a dor exprime a turbulência das pulsões no domínio do isso.

Assim, um certo grau de insatisfação é vital para conservarmos a nossa consistência psíquica. Mas como preservar essa carência essencial? E ainda, sendo essa carência necessária, como mantê-la nos limites do suportável? É justamente aí que intervém o nosso parceiro, o ser do nosso amor, porque é ele que faz o papel de objeto insatisfatório do meu desejo, e por isso mesmo de pólo organizador desse desejo. Como se o buraco de insatisfação no interior estivesse ocupado pelo meu eleito no exterior; como se a carência fosse finalmente um lugar vacante, sucessivamente ocupado pelos raros seres ou coisas exteriores que consideramos insubstituíveis e cujo luto deveríamos realizar caso desaparecessem.

Nosso eleito nos é indispensável porque ele nos assegura a indispensável insatisfação.

Entretanto, como aceitar que o meu parceiro possa ter essa função castradora de limitar a minha satisfação? Sem dúvida, esse papel restritivo do ser amado pode ser desconcertante, porque habitualmente atribuímos ao nosso parceiro o poder de satisfazer os nossos desejos e nos dar prazer. Vivemos na ilusão, em parte verificada, de que ele nos dá mais do que nos priva. Mas a sua função no seio do nosso inconsciente é completamente diferente: ele nos assegura a consistência psíquica pela insatisfação que ele faz nascer, e não pela satisfação que ele proporciona. Nosso parceiro, o ser do nosso amor, nos insatisfaz porque, ao mesmo tempo em que excita o nosso desejo, ele não pode – a rigor, será que ele teria os meios de fazê-lo? – e não quer nos satisfazer plenamente. Sendo humano ele não pode, e sendo neurótico ele não quer. Isto significa que ele é ao mesmo tempo o excitante do meu desejo e o objeto que só o satisfaz parcialmente. Ele sabe me excitar, me proporcionar um gozo parcial e, por isso mesmo, me deixar insatisfeito. Assim, ele garante essa insatisfação que me é necessária para viver e recentra meu desejo.

Mas, além do parceiro amoroso, há outros objetos eleitos que poderiam assegurar essa função de recentramento do meu desejo? Sim, como por exemplo esse objeto que é o próprio amor, aquele que o meu parceiro me dedica; ou ainda o amor que eu dedico à imagem de mim mesmo, alimentada pelo reconhecimento dos outros, como a honra ou uma posição social. Um outro objeto eleito, um outro objeto do desejo pode ser também a minha integridade corporal, integridade que eu preservo acima de tudo. Acontece até de o objeto eleito ser uma coisa material tão pessoal como o nosso corpo, como a terra natal ou a casa ancestral. Todos são objetos eleitos e ao mesmo tempo tão internos, tão íntimos, tão intrinsecamente ordenadores do movimento do nosso desejo, que vivemos sem perceber a solidez do seu enraizamento no inconsciente. É unicamente quando somos ameaçados de perdê-los, ou depois de tê-los perdido, que a sua ausência revela dolorosamente a profundidade desse enraizamento. É apenas no a posteriori de sua morte que saberemos se o ser, a coisa ou o valor desaparecidos eram ou não eleitos para nós.

De fato, quando paira a *ameaça* de perder um desses objetos considerados insubstituíveis, é a angústia que surge; e ela surge no eu. Se, em contrapartida, um desses objetos desaparece *subitamente*, sem ameaça prévia, é a dor que se impõe; e ela emana do isso. Sofrerei a dor no isso se perder brutalmente a pessoa amada (luto), o seu amor (abandono), o amor que dedico à imagem de mim mesmo (humilhação), ou ainda a integridade do meu corpo (mutilação). O *luto*, o *abandono*, a *humilhação* e a *mutilação* são as quatro circunstâncias que, se forem súbitas, desencadearão a dor psíquica ou dor de amar.

A angústia é uma formação do eu, ao passo que a dor é uma formação do isso.

Mas vamos ficar com o caso exemplar em que o objeto do desejo é a pessoa amada, cuja perda suscita a dor do luto. Justamente, o que perdemos quando perdemos o ser que amamos? Ou mais simplesmente: quem é o nosso amado?

O amor é a presença em fantasia do amado no meu inconsciente

> *Se insistem para que eu diga por que eu o amava, sinto que isso só pode exprimir-se respondendo: "Porque era ele; porque era eu."*
>
> Montaigne

Essas linhas de Montaigne são de um belíssimo texto sobre a amizade, escrito pouco depois da morte do seu amigo mais caro, La Boétie. Dentre as muitas amizades que alimentaram a sua alma, ele distingue aquela, única, que o ligava indissoluvelmente ao seu companheiro. Amizade tão poderosa que todas as costuras das suas diferenças se apagaram em uma presença comum. Depois, tentando responder ao motivo de um tal amor excepcional pelo amigo eleito e recentemente desaparecido, Montaigne escreveu essa frase cintilante de beleza e de discrição: "Por que eu o amava? Porque era ele; porque era eu." Assim, o amor permanece sendo um mistério impenetrável, que não se deve explicar, apenas constatar.

Outro escritor adota uma reserva semelhante diante do enigma do apego ao eleito. Em *Luto e melancolia*, Freud fala do amor falando da morte. Observa que a pessoa enlutada ignora o valor intrínseco do amado desaparecido: "A pessoa enlutada sabe *quem* perdeu, mas não sabe o *que* perdeu ao perder o seu amado." Graças ao simples "que", impessoal, Freud sublinha como o ser que mais amamos é acima de tudo um personagem psíquico e o quanto esse personagem virtual é diferente da pessoa viva. Sem dúvida, o amado é uma pessoa, mas é primeiramente e sobretudo essa parte ignorada e inconsciente de nós mesmos, que desabará se a pessoa desaparecer. Mais recentemente, Lacan, também diante do mistério do laço amoroso, inventa o seu "objeto *a*". Pois é precisamente com a expressão "objeto *a*" que ele simboliza o mistério, sem com isso resolvê-lo. O *a*, afinal, é apenas um nome para designar o que ignoramos, ou seja, essa presença inapreensível do outro amado em nós, esse duplo psíquico que se coagula quando a pessoa do amado nos deixa definitivamente.

Essa é justamente a questão decisiva, tão insolúvel quanto inevitável. Em que consiste o "o" que perdemos ao perder o ser amado? O que une dois seres para que um deles sofra tão profundamente com o fim súbito do outro? Assim, no momento o nosso problema não é mais o da dor, mas o do amor. É realmente o amor que nos interessa agora, porque é demarcando o melhor possível a sua natureza que chegaremos a uma nova definição psicanalítica da dor. Quem é pois aquele que eu amo e considero único e insubstituível? É um ser misto, composto ao mesmo tempo por esse ser vivo e definido que se encontra diante de mim e pelo seu duplo interno impresso em mim.

Para compreender bem como tal ser se torna meu eleito, vamos decompor em duas etapas o processo do amor pelo qual transformamos um outro exterior em um duplo interno.

- Vamos imaginar uma pessoa que nos seduz, isto é, que desperta e atiça o nosso desejo.
- Progressivamente, respondemos e nos apegamos a essa pessoa até incorporá-la e fazer dela uma parte de nós mesmos. Insensivelmente, nós a recobrimos como a hera recobre a pedra. Nós a envolvemos com uma multidão de imagens superpostas, cada uma delas carregada de amor, de ódio ou de angústia, e a fixamos inconscientemente através de uma multidão de representações simbólicas, cada uma delas ligada a um as-

pecto seu que nos marcou.[3] Toda essa hera germinada no meu psiquismo, alimentada pela seiva bruta da pressão do desejo, todo esse conjunto de imagens e de significantes que liga o meu ser à pessoa viva do amado até transformá-la em duplo interno, nós o chamamos de "fantasia", fantasia do eleito. Sei que, usualmente, a palavra "fantasia" é equívoca, pois remete à idéia vaga de devaneio ou de roteiro conscientemente imajado. Entretanto, o conceito psicanalítico de fantasia que elaboramos aqui, para melhor compreender a dor, é extremamente preciso. A fantasia é o nome que damos à sutura inconsciente do sujeito com a pessoa viva do eleito. Essa sutura operada no meu inconsciente é uma liga de imagens e de significantes vivificada pela força real do desejo que o amado suscita em mim, e que eu suscito nele, e que nos une.

A fantasia é a presença real, simbólica e imaginária do amado no inconsciente. Sua função é regular a intensidade da força do desejo.

Mas essa fantasia do amado, mesmo sendo levada pelo impulso do desejo, tem por função frear e domar esse impulso. Contendo esse impulso e evitando que ela prossiga, a fantasia do amado satisfaz o desejo saciando-o parcialmente. Assim, diremos que a fantasia instala a insatisfação e assegura a homeostase do sistema inconsciente. Compreende-se melhor agora que a função protetora da pessoa do amado é, na verdade, a função protetora da *fantasia* do amado. A fantasia é protetora porque nos preserva do perigo que significaria uma turbulência desmesurada do desejo ou o seu equivalente, o caos pulsional.

Em resumo, a pessoa amada deixou de ser apenas uma instância exterior, para viver também no interior de nós, como um objeto fantasiado que recentra nosso desejo, tornando-o insatisfeito no limite do tolerável. O ser que mais amamos continua sendo inevitavelmente o ser que mais nos insatisfaz. A insatisfação do desejo se traduz na realidade cotidiana do casal pela atração pelo outro, mas também pelo descontentamento em relação a ele.

Assim, o eleito existe duplamente: por um lado, fora de nós, sob a espécie de um indivíduo vivo no mundo, e por outro lado em nós, sob a espécie de uma presença fantasiada – imaginária, simbólica e real – que regula o fluxo imperioso do nosso desejo e estrutura a ordem inconsciente. Das duas presenças, a viva e a fantasiada, é a segunda que domina, pois todos os nossos comportamentos, a maioria dos nossos julgamentos e o conjunto dos sentimentos que experimentamos em relação ao amado são rigorosamente determinados pela fantasia. Só captamos a realidade do eleito através da lente deformante da fantasia. Só o olhamos, escutamos, sentimos ou tocamos envolvido no véu tecido pelas imagens nascidas da fusão complexa entre a sua imagem e a imagem de nós mesmos. Véu tecido também pelas representações simbólicas inconscientes, que delimitam estritamente o quadro do nosso laço de amor.

A pessoa do amado

Vamos refinar imediatamente os três modos de presença real, simbólica e imaginária do eleito fantasiado no nosso inconsciente. Mas, antes, vamos distinguir claramente o sentido da expressão "pessoa do amado", que empregamos para designar a existência exterior do eleito. Se é verdade que a existência fantasiada do outro é mais importante do que a sua existência exterior, não é menos verdadeiro que a primeira se alimenta da segunda, e que a minha fantasia inconsciente só pode desabrochar se o outro estiver vivo. O corpo vivo do eleito, seu corpo de carne e osso, me é indispensável porque sem essa base substrato da minha vida minha fantasia desabaria e o sistema inconsciente perderia o seu centro de gravidade. Ocorreria então uma imensa desordem pulsional, acarretando infelicidade e dor.

Mas por que é preciso que a pessoa do eleito esteja viva para que haja fantasia? Por duas razões. Primeiro, porque ela é um corpo ativo e desejante, do qual provêm as excitações que estimulam o meu próprio desejo, que por sua vez carrega a fantasia. Excitações que são os impactos em mim das irradiações do seu desejo. E depois, porque a dita pessoa é um corpo em movimento, cujo aspecto singular será projetado no seio do meu psiquismo como uma imagem interiorizada que me remete às minhas próprias imagens. Assim, a pessoa concreta do eleito me é absolutamente necessária, porque ela detém um foco irradiante de fontes de excitação que sustenta o meu desejo e, mais-além, a fantasia, e também porque ela é a silhueta viva que se imprime no meu inconsciente e modela minha fantasia.

A pessoa do amado é ao mesmo tempo um corpo vivo dardejando excitações para o meu desejo e uma presença misteriosa que se imprime no meu inconsciente.

Contudo, se o corpo do eleito é para a minha fantasia um arquipélago de focos de excitação do meu desejo e o suporte vivo das minhas imagens, o que sou eu, eu e meu corpo, para a fantasia dele? Justamente, a metáfora da hera é muito evocadora, pois a hera é uma planta que não só rasteja e sobe, mas engancha as suas hastes em lugares bem específicos da pedra, nas rachaduras e nas fendas. Do mesmo modo, o meu apego ao outro eleito, que se tornou meu objeto fantasiado, é uma sutura que não pega em qualquer lugar, mas muito exatamente nos orifícios erógenos do corpo, ali onde ele próprio irradia o seu desejo e me excita, sem com isso conseguir me satisfazer. E, reciprocamente, é no meu corpo, nos pontos de emissão do meu próprio desejo, que a fantasia dele se fixará. Admitiremos assim que a minha própria fantasia atará um laço ainda mais potente se, por minha vez, eu for a pessoa viva sobre a qual se construiu a sua fantasia, se eu me tornei o regulador da sua insatisfação. Em outros termos, minha fantasia será um laço tanto mais apertado quanto mais eu for para o outro aquilo que ele é para mim: o *eleito fantasiado*.

Por conseguinte, é preciso saber que quando amamos, amamos sempre um ser híbrido, constituído ao mesmo tempo pela pessoa exterior com que convivemos no exterior e pela sua presença fantasiada e inconsciente em nós. E reciprocamente, somos para ele o mesmo ser misto feito de carne e de inconsciente. É por isso que lhes falo da fantasia. É para compreender melhor que não sofrerei outra dor senão a dor do desaparecimento daquele que foi para mim o que eu fui para ele: o eleito fantasiado.

Agora, devemos separar bem os três modos de presença fantasiada do eleito, para definir o melhor possível o "que" desconhecido que perdemos ao perder a pessoa real e concreta do ser amado.

A presença real do amado no meu inconsciente: uma força

O status fantasiado do amado assume pois três formas diferentes, que correspondem às três dimensões lacanianas do *real*, do *simbólico* e do *imaginário*. Das três, é a presença *real* do outro no inconsciente que provoca mais dificuldades conceituais, porque esse qualificativo de "real" pode fazer crer que ele se refere simplesmente à realidade da pessoa do eleito. Ora, "real" não significa uma pessoa, mas aquilo que, dessa pessoa, desperta no meu inconsciente uma força que faz com que eu seja o que eu sou e sem a qual eu não mais seria consistente. O real é simplesmente a vida no outro, a força de vida que anima e atravessa o seu corpo. É muito difícil distinguir nitidamente essa força que emana do corpo e do inconsciente do eleito enquanto ele está vivo e me excita, dessa outra força em mim que arma meu inconsciente. Muito difícil, na medida em que essas forças, na verdade, são uma mesma e única coluna energética, um eixo vital e impessoal que não pertence nem a um nem ao outro parceiro. Difícil também porque essa força única não tem nenhum símbolo nem representação que possa significá-la. É o sentido do conceito lacaniano de "real". O real é irrepresentável, a energia que garante ao mesmo tempo a consistência psíquica

A presença real do eleito é uma força, e a sua presença simbólica é o ritmo dessa força.

de cada um dos parceiros e do seu laço comum de amor. Em suma, se quisermos condensar em uma palavra o que é o outro *real*, diríamos que ele é essa força imperiosa e desconhecida que dá corpo ao nosso laço e ao nosso inconsciente. O outro real não é pois a pessoa exterior do outro, mas a parte de energia pura, impessoal, que anima a sua pessoa. Parte que é também, porque estamos ligados, a minha própria parte impessoal, nosso real comum. Entretanto, para que o outro real exista, para que ele tenha essa força real que não pertence nem a um nem ao outro, é preciso que os corpos de um e do outro estejam vivos e frementes de desejo.

A presença simbólica do amado no meu inconsciente: um ritmo

Mas se o status real do eleito é ser uma força estranha que liga como uma ponte de energia os dois parceiros e arma o nosso inconsciente, o status *simbólico* do eleito é ser o *ritmo* dessa força. Certamente, não se deve imaginar a tensão do desejo como um impulso cego e maciço, mas como um movimento centrípeto e ritmado por uma sucessão mais ou menos regular de subidas e quedas de tensão. Nosso desejo não é um real puro, mas uma cadência definida por um ritmo que a torna singular. Ora, o que é o ritmo senão a figura simbólica de um impulso que avança alternando entre tempos fortes e tempos fracos, repetidos a intervalos regulares? O ritmo é, efetivamente, a mais primitiva expressão simbólica do desejo, e até da vida, pois o primeiro germe da vida é energia palpitante. A força de impulsão desejante é real porque é em si irrepresentável, mas as variações rítmicas dessa força são simbólicas, porque são, ao contrário, representáveis. Representáveis como uma alternância de intensidades fortes e de intensidades fracas, segundo um traçado de picos e de vazios.

Ora, formulamos a hipótese de que a presença *simbólica* do outro no nosso inconsciente é um *ritmo*, um acorde harmonioso entre o seu poder excitante e a minha resposta, entre o seu papel de objeto e a insatisfação que eu sinto. Se considero o eleito insubstituível, é porque meu desejo se modelou progressivamente pelas sinuosidades do fluxo vibrante do seu próprio desejo. Ele é considerado insubstituível porque ninguém mais poderia acompanhar tão finamente o ritmo do meu desejo. Como se o eleito fosse antes de tudo um corpo, que pouco a pouco se aproxima, se posiciona e se ajusta aos batimentos do meu ritmo. Como se as pulsações da sua sensibilidade dançassem na mesma cadência que as minhas próprias pulsações, e os nossos corpos se excitassem mutuamente. Assim a cadência do seu desejo se harmoniza com a minha própria cadência, e cada uma das variações da sua tensão responde em eco a cada uma das minhas. Algumas vezes, o encontro é suave e progressivo; outras, violento e imediato. Entretanto, se é verdade que as trocas erógenas podem ser harmoniosas, as satisfações resultantes continuam sendo para cada um dos

Se a pessoa do amado não está mais aqui, então falta a excitação que escandia o ritmo do meu desejo.

parceiros satisfações sempre singulares, parciais e discordantes. Nossas trocas se afinam, mas nossas satisfações desafinam. Elas desafinam, porque são obtidas por ocasião de momentos diferentes e em intensidades desiguais. Há uma afinação na excitação e desarmonias na satisfação.

Vê-se bem que o meu outro eleito não é apenas a pessoa que tenho diante de mim, nem uma força, um excitante, nem mesmo um objeto de insatisfação; ele é tudo isso ao mesmo tempo, condensado no ritmo de vida do nosso laço de amor. Ora, quando ele não está mais aqui, quando a irradiação do seu ser vivo e desejante não está mais aqui, e o meu desejo se vê privado das excitações que ele sabia tão bem despertar, perco certamente uma infinidade de riquezas, mas perco principalmente a estrutura do meu desejo, isto é, a sua escansão e o seu ritmo.

A presença simbólica do eleito é um ritmo, mais exatamente o compasso pelo qual se regula o ritmo do meu desejo.

Assim, a presença simbólica do amado no seio do meu inconsciente se traduz pela cadência pela qual deve regular-se o ritmo do meu desejo. Em resumo, *o outro simbólico é um ritmo*, ou ainda um compasso, ou melhor, o metrônomo psíquico que fixa o tempo da minha cadência desejante.

Essa maneira que temos de conceber o status simbólico do eleito é uma reinterpretação do conceito freudiano de recalcamento, considerado como a barreira que contém o transbordamento das tendências desejantes. É também uma reinterpretação do conceito lacaniano do significante do Nome-do-Pai, considerado como o limite que enquadra e dá consistência ao sistema simbólico. Seja o recalcamento freudiano ou o significante lacaniano do Nome-do-Pai, trata-se de um elemento canalizador das forças do desejo e ordenador de um sistema. Ora, justamente, o ser eleito, definido como um metrônomo psíquico, cumpre essa função simbólica de obrigar o desejo a seguir o ritmo do nosso laço. Assim, diremos que o eleito, dono do compasso imposto ao meu desejo, me impede de me perturbar ao restringir o meu gozo. Ele me protege e me torna insatisfeito. O eleito simbólico é, definitivamente, uma figura do recalcamento e a figura mais exemplar do significante do Nome-do-Pai.

A presença imaginária do amado no meu inconsciente: um espelho interior

A pessoa do amado como corpo vivo não é apenas fonte de excitação do meu desejo; ela é também – como dissemos – a silhueta animada que será projetada no meu

A presença imaginária do eleito no meu inconsciente é um espelho interior que me envia minhas próprias imagens.

psiquismo sob a forma de uma imagem interna. O corpo do outro se duplica assim por uma imagem interiorizada. É precisamente essa imagem interna do amado em mim que nós identificamos como a sua presença imaginária no inconsciente.

O outro imaginário é pois simplesmente uma imagem, mas uma imagem que tem a particularidade de ser ela própria uma superfície polida, sobre a qual se refletem permanentemente as minhas próprias imagens. Eu me vejo e me sinto segundo as imagens que o outro me envia, seja este outro aquele que tenho diante de mim ou aquele que tenho em mim e que chamo de "outro imaginário". Em outras palavras, capta as imagens de mim mesmo, refletidas nesse espelho que é a imagem interiorizada do meu amado.

Ora, a imagem interior, do meu amado, a que tenho no inconsciente, enviará as minhas imagens e só despertará sentimentos se estiver apoiada pelo corpo vivo do amado. Preciso ter certeza de que meu amado está vivo para que seu duplo no meu inconsciente possa agir como meu espelho interior. Justamente, a vivacidade das imagens que ele me envia depende da força do desejo que nos une. E a força do desejo depende da vitalidade do corpo. Resumindo, é a força do desejo que carrega as imagens de energia e faz delas os substratos dos nossos sentimentos.

Mas quais são as principais imagens de mim mesmo que esse espelho interior me envia? São imagens que, logo que percebidas, fazem nascer um sentimento. Às vezes, percebemos uma imagem exaltante de nós mesmos, que reforça o nosso amor narcísico; outras vezes, uma imagem decepcionante que alimenta a repulsa por nós mesmos; e freqüentemente uma imagem de submissão e de dependência em relação ao amado que provoca a nossa angústia.

Duas observações ainda, para concluir sobre o status imaginário do outro amado. O espelho psíquico que a imagem do eleito é no meu inconsciente não deve ser pensado como a superfície lisa do gelo, mas como um espelho fragmentado em pequenos pedaços móveis de vidro, sobre os quais se refletem, confundidas, imagens do outro e imagens de mim. Essa alegoria caleidoscópica tem a vantagem de nos mostrar que a imagem inconsciente que temos do eleito é um espelho fragmentado e que as imagens que nele se refletem são sempre parciais e móveis. Mas essa metáfora tem o defeito de sugerir que a presença imaginária do outro seria inteiramente visual, ao passo que sabemos quanto uma imagem pode ser também olfativa, auditiva, tátil ou cinestésica.

A segunda observação refere-se ao enquadramento da imagem inconsciente do amado, isto é, a maneira pela

Amar é também idealizar o eleito.

qual imaginamos o amado, não mais segundo nossos afetos, mas segundo nossos valores. Penso nos diversos ideais que, às vezes sem saber, atribuímos à pessoa do eleito. Ancoramos e desenvolvemos o nosso apego conservando no horizonte esses ideais implícitos. Ideais muitas vezes exagerados, até infantis, constantemente reajustados pelas limitações inerentes às necessidades (corpo), à demanda (neurose) e ao desejo do outro. Ora, quais são esses ideais situados na encruzilhada do simbólico e do imaginário? Eis os principais:

- Meu eleito deve ser único e insubstituível.
- Deve permanecer invariável, isto é, não mudar nunca, a menos que nós próprios o mudemos.
- Deve resistir e sobreviver, inalterável, à paixão do nosso amor devorador ou do nosso ódio destruidor.
- Deve depender de nós, deixar-se possuir e mostrar-se sempre disponível para satisfazer os nossos caprichos.
- Mas, mesmo submisso, deve saber conservar a sua autonomia, para não nos estorvar...

Esses pseudo-ideais, essas exigências infantis mas sempre imperiosas, são comparáveis às do bebê em relação ao seu objeto transicional.

★

Tivemos que fazer esse longo desvio para responder à nossa pergunta sobre a presença do amado no inconsciente, e compreender assim o que perdemos verdadeiramente quando a sua pessoa desaparece. O eleito é, antes de tudo, uma fantasia que nos habita, regula a intensidade do nosso desejo (insatisfação) e nos estrutura. Ele não é apenas uma pessoa viva e exterior, mas uma fantasia construída com a sua imagem, espelho das nossas imagens (*imaginário*), atravessado pela força do desejo (*real*), enquadrado pelo ritmo dessa força (*simbólico*) e apoiado pelo seu corpo vivo (*real*, também), fonte de excitação do nosso desejo e objeto das nossas projeções imaginárias.

Entretanto, é preciso compreender bem que essa fantasia não é somente a representação daquilo que o amado é em nós; ela é também aquilo que nos oculta inextricavelmente para a sua pessoa viva. Ela não é apenas uma formação intra-subjetiva, mas intersubjetiva. Vamos dizer de outra maneira: o amado é uma parte de nós mesmos, que chamamos de "fantasia inconsciente"; mas essa parte não está confinada no interior da nossa individualidade, ela se estende no espaço intermediário e nos liga intimamente ao seu ser. Reciprocamente, o amado é ele próprio habitado por uma fantasia que nos representa no seu inconsciente e o liga ao nosso ser. Vemos como a fantasia é uma formação psíquica única e comum aos dois parceiros, e como, até aqui, era inadequado porém necessário falar da fantasia de um ou da fantasia do outro, do "meu" inconsciente ou do inconsciente "do outro". É isto que queríamos dizer: a fantasia, e mais geralmente o inconsciente que ela manifesta, é uma construção psíquica, um edifício complexo que se ergue, invisível, no espaço intermediário e repousa sobre as bases que são os corpos vivos dos parceiros. Assim sendo, quando nos ocorre perder a pessoa do eleito, a fantasia se abate e desaba como uma construção à qual se retira um dos pilares. É então que a dor aparece.

Assim, à pergunta: "O que perdemos quando perdemos a pessoa do ser que amamos?", respondemos: perdendo o corpo vivo do outro, perdemos uma das fontes que alimenta a força do desejo que nos unia, sem com isso perder o desejo de vida que nos habita. Perdemos também a sua silhueta animada que, como um apoio, mantinha o espelho interior que refletia nossas imagens. Mas, perdendo a pessoa do amado, perdemos ainda o ritmo sob o qual vibra a força real do desejo. Perder o ritmo é perder o *outro simbólico*, o limite que torna consistente o inconsciente. Em resumo, perdendo quem amamos, perdemos uma fonte de alimento, o objeto de nossas projeções imaginárias e o ritmo do nosso desejo comum. Isso quer dizer que perdemos a coesão e a textura de uma fantasia indispensável à nossa estrutura.

A dor do enlouquecimento pulsional

"Esse enlouquecimento da bússola interior."

Marcel Proust

Voltemos agora às nossas definições de dor. Assim como se acredita, erradamente, que a sensação dolorosa causada por um ferimento no braço se localiza no braço, também se acredita, erroneamente, que a dor psíquica se deve à perda da pessoa do ser amado. Como se fosse a sua ausência que doesse. Ora, não é a ausência do outro que dói, são os efeitos em mim dessa ausência. Não sofro com o desaparecimento do outro. Sofro porque a força do meu desejo fica privada de uma de suas fontes, que era o corpo do amado; porque o ritmo simbólico dessa força fica quebrado com o desaparecimento do compasso que os estímulos provenientes daquele corpo escandiam; e depois porque o espelho psíquico que refletia as minhas imagens desmoronou, por falta do apoio vivo em que sua presença se transformara. A lesão que provoca a dor psíquica não é pois o desaparecimento

A perda do amado é uma ruptura não fora, mas dentro de mim.

físico do ser amado, mas o transtorno interno gerado pela desarticulação da fantasia do amado.

Nas páginas precedentes, fornecemos uma definição da dor de amar como a reação à perda do objeto amado. Agora, podemos precisar melhor e dizer que a dor é uma reação não à perda, qualquer que ela seja, mas à fratura da fantasia que nos ligava ao nosso eleito. A verdadeira causa da dor não é pois a perda da pessoa amada, isto é, a retirada de uma das bases que suportavam a construção da fantasia, mas o desabamento dessa construção. A perda é uma causa desencadeante, o desmoronamento é a única causa efetiva. Se perdemos a pessoa do eleito, a fantasia se desfaz e o sujeito fica então abandonado, sem recurso, a uma tensão extrema do desejo, um desejo sem fantasia sobre o qual se apoiar, um desejo errante e sem eixo. Afirmar assim que a dor psíquica resulta do desabamento da fantasia é localizar a sua fonte não no acontecimento exterior de uma perda factual, mas no confronto do sujeito com o seu próprio interior transtornado. A dor é aqui uma desgraça que se impõe inexoravelmente a mim, quando descubro que o meu desejo é um desejo nu, louco e sem objeto. Encontramos assim, sob outra forma, uma das definições propostas no início deste capítulo. Dizíamos que a dor é o afeto que exprime a autopercepção pelo eu da comoção que o devasta, quando é privado do ser amado. Agora que reconhecemos a fratura da fantasia como o acontecimento maior, intra-subjetivo, que se sucede ao desaparecimento da pessoa amada, podemos afirmar que *a dor exprime o encontro brutal e imediato entre o sujeito e o seu próprio desejo enlouquecido.*

É nesse instante de intensa movimentação pulsional que, em desespero de causa, nosso eu tenta salvar a unidade de uma fantasia que desmorona, concentrando toda energia de que dispõe sobre uma pequena parcela da imagem do outro desaparecido; imagem parcelar, fragmento de imagem que se tornará supersaturada de afeto. É então que a dor, logo nascida de um desejo tumultuado, ao invés de reduzir-se, se intensifica. Alguns meses depois, uma vez começado o trabalho do luto, a hipertrofia desse fragmento de imagem do desaparecido diminui, e a dor que se ligava a ele se atenua pouco a pouco.

★

Chegou o momento de concluir. Através das diversas hipóteses que apresentei, quis conduzir insensivelmente o meu leitor para o mesmo caminho que me levou a modificar o meu ponto de vista inicial sobre a dor. Parti da idéia comum de que a dor é a sensação de um ferimento e que a dor psíquica é o ferimento da alma. Era a idéia primeira. Se me tivessem perguntado o que é a dor psíquica eu teria respondido sem pensar muito: é a desorientação de alguém que, tendo perdido um ser querido, perde uma parte de si mesmo. Agora, podemos responder melhor, dizendo: *a dor é a desorientação que sentimos quando, tendo perdido um ente querido, somos invadidos por uma extrema tensão interna, somos confrontados com um desejo louco no interior de nós mesmos, com uma loucura do interior desencadeada pela perda.*

★

Resumo das causas da dor de amar

A dor provém da perda da pessoa do amado.

A dor provém do desmoronamento da fantasia que me liga ao amado.

A dor provém do caos pulsional do isso, consecutiva ao desmoronamento da represa que era a fantasia.

A dor provém da hipertrofia de uma das imagens parcelares do outro desaparecido.

★

Uma última palavra sob forma de pergunta: o que podemos fazer com essa teoria psicanalítica da dor que lhes proponho? Ouso dizer simplesmente: não façamos nada. Vamos deixá-la. Vamos deixar a teoria meditar em nós. Vamos deixar que ela aja sem sabermos. Se essa teoria da dor, por mais abstrata que seja, for realmente fecunda, ela terá talvez o poder de mudar a nossa maneira de escutar o paciente que sofre ou o nosso próprio sofrimento íntimo. Lembremo-nos do tratamento de Clémence, em que a intervenção do psicanalista se situou na encruzilhada da teoria com o inconsciente. Por sua maneira de acolher o sofrimento, de afinar-se com ele e de apresentar as palavras decisivas que comutaram o mal insuportável em dor simbolizada, o psicanalista agiu graças ao seu saber teórico, mas também com o seu inconsciente. Ao fazer isso, pelo seu saber sobre a dor e o seu saber originário da transferência, ele acalmou a dor dando-lhe uma moldura. Tomou o lugar do *outro simbólico* que, na fantasia de Clémence, fixava o ritmo do seu desejo, esse outro que Clémence tinha perdido ao perder o seu bebê. Diante da dor de seu paciente, o analista se torna um *outro simbólico*, que imprime um ritmo à desordem pulsional, para que a dor enfim se acalme.

⋆

⋆ ⋆

Arquipélago da dor

O inconsciente conserva a dor. Ele não a esquece.

★

Duas espécies de dores psíquicas

Existem duas maneiras de reagir dolorosamente à perda do ser amado. Quando estamos preparados para vê-lo partir, porque está condenado pela doença, por exemplo, vivemos a sua morte com uma dor infinita, mas representável. Como se a dor do luto fosse nomeada antes de aparecer, e o trabalho do luto já estivesse começado antes do desaparecimento do amado. Assim a dor, embora insuportável, fica integrada ao nosso eu e se compõe com ele. Se, ao contrário, a perda do outro amado é súbita e imprevisível, a dor se impõe sem reservas e transtorna todas as referências de espaço, tempo e identidade. Ela é invivível porque é inassimilável pelo eu. Se devêssemos designar qual desses dois sofrimentos merece plenamente o nome de dor, escolheríamos o segundo. A dor é sempre marcada com o selo da subitaneidade e do imprevisível.

★

Como se experimenta corporalmente a dor psíquica?

Nos primeiros instantes, a dor psíquica é vivida como um ataque aniquilador. O corpo perde a sua armadura e cai por terra como uma roupa cai do cabide. A dor se traduz então por uma sensação física de desagregação, e não de explosão. É um desmoronamento mudo do corpo. Ora, os primeiros recursos para conter esse desmoronamento, e que tardam a vir, são o grito e a palavra. O antídoto mais primitivo contra a dor ao qual os homens recorreram desde sempre é o grito, quando pode ser emitido. Depois, são as palavras que ressoam na cabeça, e que tentam lançar uma ponte entre a realidade conhecida de antes da perda e aquela, desconhecida, de hoje. Palavras que tentam transformar a dor difusa do corpo em uma dor concentrada na alma.

★

A verdadeira causa da dor está no isso

O homem só tem que temer a si mesmo, ou melhor, o homem tem apenas o isso a temer, verdadeira fonte da dor.

★

A dor vinda do isso é um estranho com o qual coabitamos, mas que não assimilamos. A dor está em nós, mas não é nossa.

★

Aquele que sofre confunde a causa que desencadeia a sua dor e as causas profundas. Confunde a perda do outro amado e os transtornos pulsionais que essa perda acarreta. Acredita que a razão da sua dor está no desaparecimento do amado, enquanto a verdadeira causa não está fora, mas dentro do eu, nos seus alicerces, no reino do isso.

★

Não há dor sem o eu, mas a dor não está no eu; está no isso. Para que haja dor, são necessários três gestos do eu: que ele ateste a irremediável realidade da perda do amado, que perceba a maré pulsional que invade o isso – verdadeira fonte da dor – e que ele traduza essa endopercepção em sentimento doloroso.

★

A dor inconsciente

Muitas vezes, o paciente sofre sem saber por que está triste nem que perda sofreu. Outras vezes, é habitado pela dor, sem mesmo saber que sofre. É o caso do alcoólatra que ignora que uma profunda dor está na origem da sua sede compulsiva. Bebe para embriagar seu eu e neutralizar assim a sua capacidade de perceber as turbulências no isso. As turbulências pulsionais estão ali, mas o eu anestesiado pelo álcool não chega a traduzi-las em emoção dolorosa. Como se o álcool tivesse como efeito neutralizar a função do eu, tradutor da língua do isso em língua dos sentimentos conscientes.

★

Microtraumas e dor inconsciente

Um trauma psíquico pode se produzir seja pelo choque brutal da perda do ser amado, seja por ocasião de um acontecimento inócuo que vem acrescentar-se a uma longa série de microtraumas não sentidos pelo sujeito. Cada um desses traumas pontuais provoca uma imperceptível dor, da qual o sujeito não tem consciência. A acumulação progressiva dessas múltiplas dores cria um tal estado de tensão que basta a faísca de um acontecimento inócuo para liberar a dor até então contida e vê-la explodir sob forma consciente. O menor acontecimento desencadeador pode ser tanto exterior quanto interior ao eu. Uma lembrança ou um sonho insignificante pode aparecer em circunstâncias tão precisas que libera um afluxo selvagem de excitações internas, que transbordam e ferem o eu. Esse estado é então vivido sob a forma de uma dor do trauma.

★

Quem é o outro amado?

O amado é um excitante para nós, que nos deixa crer que ele pode levar a excitação ao máximo. Ele nos excita, nos faz sonhar e nos decepciona. Nosso amado é nossa carência.

★

O amado é mais que uma pessoa exterior, é uma parte de nós mesmos que recentra o nosso desejo.

★

A pessoa do amado

A pessoa viva do nosso amado é como um *cabide* no qual se pendura a fantasia dele que ajudamos a forjar. E com a fantasia penduramos nossas pulsões, nossas imagens e nossos símbolos até cobrir nosso manequim vivo com inumeráveis véus psíquicos.

★

Aquele que amo é aquele que me limita

A representação mais importante que tenho, sem o saber, do meu amado, é a representação dos meus limites. Sim, o amado representa o meu limite. Assim, não apenas o amado me fornece minha imagem, garante a consistência da minha realidade e torna tolerável minha insatisfação, como também representa um freio à desmedida de uma satisfação absoluta que, em todo caso, eu não conseguiria suportar. Em suma, o eleito, que qualificamos de amado, mas que pode ser ao mesmo tempo odiado, temido ou desejado – representa minha barreira protetora contra um gozo que considero perigoso, embora o saiba inacessível. Por sua presença real, imaginária e simbólica, ele é, do lado de fora, o que o recalcamento é do lado de dentro. Essa barreira viva, que me evita os gozos extremos e me garante uma insatisfação tolerável, nem por isso me impede de sonhar com o gozo absoluto. Ao contrário, meu eleito alimenta minhas ilusões, incita-me a sonhar e me proíbe de realizar o meu sonho.

Compreende-se dessa forma por que sofremos quando o eleito morre. Com ele morrem as insatisfações cotidianas e toleráveis dos meus desejos, o que me deixa desamparado, sem norte para orientar o meu desejo. O que a morte do amado acarreta de essencial é a morte de um limite. A perda do meu amado é também a perda do meu senhor. Assim, o trabalho do luto é a reconstrução de um novo limite.

★

Minha fantasia do amado

A *fantasia* é uma coleção complexa de imagens e de significantes, dispostos em um anel giratório em torno do buraco da insatisfação. No centro desse buraco se ergue a pessoa viva do amado.

★

A fantasia que tenho do meu amado é a base do meu desejo. Se o amado morre, a fantasia desaba e o desejo enlouquece.

★

A fantasia que alimento em relação ao outro amado pode ser tão invasora e exclusiva que me impede de estabelecer novos laços com novos eleitos, isto é, de criar novas fantasias. Um exemplo de fantasia invasora é o de uma jovem mulher que, tendo sido tão apegada ao pai, desenvolveu uma fantasia tão coagulada que se tornou impossível para ela criar um novo laço de amor com um homem. Outro exemplo de fantasia invasora é o do rancor inabalável por um eleito que nos humilhou. O outro tornou-se um parceiro odiado, e não mais amado.

★

Pode haver uma fantasia do amado reguladora do nosso inconsciente sem que ela corresponda na realidade a uma pessoa precisa. É o caso de uma fantasia doente desmedidamente desenvolvida, muitas vezes invasora, e que se basta a si mesma. A ilustração mais impressionante dela é o *luto patológico*. A pessoa enlutada continua a fantasiar o seu eleito morto como se ele estivesse vivo. Ou ainda o caso do *delírio erotomaníaco*, organizado em torno de uma fantasia desenvolvida de modo tão desproporcional que ela faz existir artificialmente um laço de amor no qual o delirante se atribui a si mesmo o papel do eleito junto a uma pessoa estranha.

★

A dor é a certeza do irreparável

Quando há dor em reação a uma perda, é porque o sujeito sofredor considera essa perda irreversível. Pouco importa a verdadeira natureza da perda, seja ela real ou imaginária, definitiva ou passageira, o que importa é a convicção absoluta com a qual o sujeito crê que sua perda é irreparável. Uma mulher pode viver a partida do seu amante com uma imensa infelicidade e considerá-la como um abandono definitivo, enquanto na realidade ela se revelará temporária. Sua dor nasce da certeza absoluta com a qual ela interpreta a ausência do seu amado como sendo uma ruptura sem volta. Aqui, não há nem dúvida nem razão que tempere, apenas certeza e dor. A dor permanece indissociável da certeza, e incompatível com a dúvida. Assim, o sentimento penoso que acompanha a dúvida não é dor, mas angústia. A angústia nasce na incerteza de um perigo temido; ao passo que a dor é a certeza de um mal já realizado.

★

O amado morto é considerado insubstituível

Digo que o amado é "considerado" insubstituível, e não que ele o é. Somos nós que lhe atribuímos o poder de ser único, tanto em vida quanto imediatamente após o seu desaparecimento. Durante sua vida, agimos guiados pela convicção tácita de que ele é o nosso único eleito. Se ele desaparece, essa convicção se faz explícita e se torna uma certeza dolorosa: ninguém mais nunca poderá substituí-lo. Todavia, é verdade que, com o tempo, uma vez acabado o luto, outra pessoa virá ocupar o lugar do nosso amado.

★

Amor e dor

O eu é como um espelho interior em que se refletem as imagens de partes do nosso corpo ou aspectos do nosso amado. Um excesso de investimento de uma dessas imagens significa amor se a imagem se apóia sobre a coisa real da qual ela é o reflexo. Em contrapartida, o mesmo excesso de investimento significa dor se o suporte real nos deixou.

★

O amor cego que nega a realidade da perda e, ao contrário, a resignação lúcida que a aceita, eis os dois extremos que dilaceram o eu e suscitam dor. A dor psíquica pode se resumir em uma simples equação: um amor grande demais dentro de nós por um ser que não existe mais fora.

★

Dois modos da dor do luto

A dor de amar o desaparecido, mesmo sabendo-o perdido para sempre, é um sofrimento que pode ocorrer no próprio momento da perda, ou então ressurgir episodicamente ao longo do período de luto. Embora sempre se trate da mesma dor, ela se apresenta diferentemente segundo os seus aparecimentos: súbita e maciça em resposta imediata à perda; ou episódica durante o luto. Para distinguir bem essas duas manifestações, devemos apresentar a nossa concepção de luto.

★

O luto é um processo de desamor, e a dor do luto é uma pressão de amor

O luto é um longo caminho, que começa com a dor viva da perda de um ser querido e declina com a aceitação serena da realidade do seu desaparecimento e do caráter definitivo da sua ausência. Estar de luto é aprender a viver com a ausência. Durante esse processo, a dor aparece sob a forma de acessos isolados de pesar. Para compreender a natureza dessas pressões dolorosas, é preciso pensar o luto como um lento trabalho graças ao qual o eu desfaz pacientemente o que tinha atado brutalmente, na hora do golpe da perda. O luto é desfazer aos poucos o que se coagulara precipitadamente. Sob o golpe da perda, o eu sobreinvestiu a representação do amado morto; agora, durante o luto, o eu volta sobre seus passos, desinvestindo lentamente a representação do amado até que esta perca sua vivacidade e deixe de ser um corpo estranho, fonte de dor para o eu. Desinvestir a representação significa retirar-lhe seu excesso de afeto, restituí-la entre as outras representações e investi-la diferentemente. Assim, o luto pode ser definido como um lento e penoso processo de desamor para com o morto para amá-lo de outra forma. Em outras palavras, com o luto o enlutado não esquece o defunto nem deixa de amá-lo, apenas modera um vínculo exacerbado e reativo à perda brutal. Eis por que diremos que ***ficar de luto é aprender a amar de outra forma o morto, amá-lo sem o estímulo de sua presença viva***.

Ora, agora que definimos o luto como um processo de desamor, compreendemos por que a dor acontece sempre que se manifesta um impulso de amor. Com efeito, a dor no luto corresponde ao reinvestimento momentâneo de uma imagem em vias de desinvestimento. É o que se produz quando o enlutado encontra incidentemente na realidade determinado detalhe que lembra o tempo em que o amado estava vivo. Nesse momento, em que a representação do defunto é reanimada pela força da lembrança e o sujeito deve mais uma vez render-se à evidência da irreversível perda, a dor retorna. Digamos claramente, há dor sempre que a imagem do ente falecido é reanimada e que, simultaneamente, eu me curvo à evidência de sua ausência. Portanto, os acessos de dor que pontuam o luto são impulsos de um amor tenaz que se recusa a morrer.

★

A saudade é uma mistura de amor, dor e gozo: sofro com a ausência do amado e gozo ao oferecer-lhe a minha dor

Mesmo dolorosa, a lembrança do nosso amado perdido pode suscitar o gozo de oferecer nossa dor como homenagem ao desaparecido. Amor, dor e gozo se confundem aqui. Continuar amando o morto certamente faz sofrer, mas esse sofrimento também acalma, pois ele faz reviver o amado para nós.

★

Luto patológico

No luto patológico, a sobrecarga afetiva se cristalizou para sempre na representação psíquica do amado perdido, como se quiséssemos tentar em vão ressuscitá-lo. O luto patológico é o amor congelado em torno de uma imagem.

★

"Não quero que minha dor cesse!"

As manifestações da dor – abatimento, grito e lágrimas – a mantêm como se a pessoa que sofre estivesse arrastada pelo desejo inconsciente – um desejo que não tem nada a ver com o masoquismo – de viver plenamente a prova dolorosa. Os que sofrem porque perderam o ser amado experimentam uma dor atroz, que no entanto fazem questão de suportar. Querem sofrer porque sua dor é uma homenagem ao morto, uma prova de amor. A dor é um gozo que é preciso esgotar, uma tensão que é preciso descarregar através dos gritos, das lágrimas e das contorções. Como se o ser dolorido exclamasse: "Deixem-me em paz! Não me consolem. Deixem-me consumir a minha dor e me consumir na dor, pois é apenas na dor que consigo encontrar aquele que não existe mais!"

★

A angústia é uma reação à falta imaginária

A angústia é a reação à ameaça da perda de objeto, isto é, à idéia de que nosso amado possa faltar. Assim, a angústia é associada à representação consciente daquilo que pode ser a ausência do outro amado. Em termos lacanianos, diríamos: a angústia surge quando imagino a falta; ela é uma resposta à falta imaginária.

★

Três formas de *angústia*: a angústia diante da ameaça de perder o ser amado, a angústia diante da ameaça de perder o órgão amado (angústia de castração) e a angústia diante da ameaça de perder o amor do nosso amado, à guisa de castigo por um erro real ou imaginário que eu assumo (angústia moral ou culpa).

★

*A dor e o conceito de Imagem Inconsciente do Corpo, de Françoise Dolto**

❑ *Que relação o senhor estabeleceria entre sua concepção da dor e a noção de Imagem Inconsciente do Corpo, de Françoise Dolto?*

Permita-me em primeiro lugar externar a minha satisfação por estar entre vocês para apresentar minha concepção da dor psíquica. Sempre que apresento um tema ou faço uma palestra, é uma experiência nova para mim, pois cada palestra é feita de acordo com os respectivos ouvintes. É curioso, mas é assim. Se tenho um paciente que fala comigo (façam a experiência), ele vai me dizer, num momento singular, exata ou aproximadamente o que estou preparado para ouvir. E ele próprio vai falar segundo a maneira como o ouço. Faço essa experiência diariamente. Sento, me aproximo do meu paciente, concentro-me em certos pressupostos, algumas idéias vagas, não necessariamente teóricas, fico na expectativa, e posso lhes assegurar que o paciente vai falar daquilo que

* O presente texto a seguir é uma versão profundamente remanejada e aumentada da minha colaboração para *Françoise Dolto, c'est la parole qui fait vivre: une théorie corporelle du langage*, sob a organização de W. Barral, Gallimard, 1999.

espero, sem que eu precise fazer ou dizer nada. Escuto, e para melhor me concentrar fecho os olhos e seguro minha cabeça com as mãos – digo isso freqüentemente para mostrar a realidade efetiva da análise. Isso pode acontecer sete, oito, dez vezes por dia, não mais que isso. É ter uma imagem falsa e excessivamente idealizada do analista pensar que ele pode escutar com tal concentração 24 horas por dia!

Se tenho algo a dizer a um paciente, vou dizê-lo em função daquele que escuta. Da mesma forma, quando vou fazer uma conferência, à medida que avanço em sua elaboração, não se trata apenas de uma evolução do meu pensamento, mas igualmente uma evolução da escuta dos ouvintes. Meu trabalho é modelado por todos que me escutam. Julgo que esse fenômeno diz respeito a todos que expõem seu trabalho ao mesmo tempo em que o elaboram, de modo que sua exposição é sempre diferente.

Não sei o que vocês já trabalharam com a imagem inconsciente do corpo, tema que conheço muito bem, que prezo muito, ao qual me dediquei durante um tempo. Mas adquiro confiança dizendo-me que, se começo por lhes falar de escuta, é porque isso certamente deve ser útil para vocês. E transmito minha própria experiência: fala-se de acordo com a escuta do outro e escuta-se de acordo com a fala do outro. Isso não é uma simples inter-relação, é de fato uma dependência, uma relação de causalidade: a fala do outro modela minha escuta, e minha escuta modela a fala do outro.

Vou lhes falar de *dor psíquica* porque é o tema em que atualmente estou interessado. Estou preparando uma obra que trata da dor e do amor. Para mim, é importante triturar esses temas, digeri-los, trabalhá-los cada vez mais até dominá-los bem, e transmiti-los, primeiro, oralmente. Dominar não significa uma posição de autoridade em relação ao tema a ser estudado, é me impregnar, mergulhar na questão, tentar abordá-la de diferentes ângulos. Hoje é possível, com o correr da minha exposição, que eu venha efetivamente a abordar o tema da imagem inconsciente do corpo em relação com minha concepção psicanalítica da dor. Eu não tinha pensado nisso até agora, mas o fato de falar no âmbito de uma sessão sobre a imagem do corpo vai me permitir provavelmente fazer essa incursão no conceito de Françoise Dolto.

Devo dizer que o tema da dor é um tema que já trabalhei longamente. Vou retomá-lo agora. Sempre fui apaixonado por ele. Para mim, há duas questões que predominam constantemente, duas espécies de imensas questões que abordo o tempo todo, por cima, por baixo, pela esquerda, pela direita, são sempre as mesmas. A primeira é: como explicar o sofrimento de alguém? Por que e como explicar o sofrimento de alguém? Por que e como alguém sofre? Tomo o exemplo daquela mulher que procurou durante anos um remédio para sua esterilidade e que conseguiu engravidar. Ela continua suas sessões de análise, e sua gravidez se desenrola normalmente. Estou felicíssimo, e tenho que me manifestar. Não sei como fazem os outros analistas, mas eu, quando as coisas correm bem, fico feliz, embora não me deixe arrastar por uma espécie de efusão. Quando essa mulher me disse: "Conseguimos!", respondi: "Sim, conseguimos!" A palavra que me ocorria englobava uma equipe, aquela mulher, seu marido, seu obstetra, que é um excelente médico e cuida de problemas de esterilidade, e eu próprio. Ela conseguiu dobrar o cabo da gravidez e do parto e me telefona para anunciar o nascimento do seu filho. Felicito-a. Três dias depois, ela me telefona de novo e me diz: "Perdi meu bebê. Morreu, não sabemos por quê." Ele morreu na clínica, três dias depois. Dou esse exemplo porque é um exemplo real, deparamo-nos com situações assim regularmente.

Não estou dramatizando, não estou inventando, foi exatamente assim que aconteceu. Mais tarde encontrei essa paciente. Ela não voltara imediatamente, precisou de algumas semanas para se decidir a voltar. Este é um fenômeno muito freqüente, quando perdemos alguém de maneira violenta, não queremos saber de absolutamente nada a ele vinculado. Quando há perdas dessa ordem, temos vontade de rechaçar tudo que está ligado a esse objeto de amor, incluindo o marido, a mãe, o pai, não importa. E eu pensara comigo, baseado em minha experiência clínica, que ela ia abandonar a análise porque eu representava para ela a luta pela fecundação, sua alegria pelo nascimento e sua dor pela perda. Eu me dizia, porque a vida me ensinou, que ela ia me deixar, que não conseguiria continuar comigo, eu representava muito tudo aquilo, ela precisava mudar de universo.

Curiosamente, não foi este o caso, a paciente continua atualmente o seu trabalho. A vida foi em frente. Depois de um período bem longo, ela cogitou uma nova gravidez e travou uma nova luta para vencer a esterilidade. Mas constatei – vivi isso – que tinha diante de mim, naquela paciente, a dor em pessoa. Não era alguém que estava doente, era alguém que *era toda a dor: eu sou* a dor.

E minha interrogação de sempre voltava: como explicar que alguém sofra? Por que a perda de alguém nos faz sofrer? Isso parece de tal forma evidente que não nos interrogamos ao nível do pensamento. Alguns autores dedicaram-se a essa questão. Abraham foi o primeiro que, em 1912, escreveu um texto sobre o luto, a melancolia e a dor da perda. Freud vem depois com "Luto e melancolia", de 1905. Em seguida Abraham retoma a questão em 1924. Há uma troca de cartas entre os dois. Diversos autores abordaram esse problema. Mas a questão permanece: como explicar que alguém sofra quando perde um ente querido? O problema coloca-se para nós em diferentes etapas de nossa vida: somos o sujeito de uma dor. Logo, eis a primeira questão, que continua a me preocupar: como teorizar, como refletir sobre a dor? Sejamos claros: a dor psíquica.

A segunda grande questão, constantemente no horizonte do meu pensamento, da minha atividade, das minhas reflexões, é: como é possível haver momentos de escuta singulares em que temos efetivamente a convicção e o sentimento de estar realmente em contato com o inconsciente do sujeito? Como é possível escutar o outro e escutá-lo no mais profundo de si mesmo? Essa segunda grande questão desdobra-se em outra bem próxima e ainda mais difícil: como é possível que ao escutar alguém na profundeza de seu ser, tudo bem, ao simplesmente escutá-la, às vezes, ao lhe falar, esse sujeito sofra menos? Por quê? Não sei. Escrevi textos, livros, avanço, reflito, abordo o tema de todos os ângulos, mas na realidade, no fundo de mim mesmo – e posso lhes dizer isso muito sinceramente, com bastante simplicidade – não compreendo como, escutando alguém e lhe falando de maneira oportuna, dando o melhor de nós, esse alguém sofre de maneira diferente ou sofre menos. Não há muitas teorias claras sobre essas questões. Quando se quer realmente compreender, há várias abordagens teóricas, mas não estou pessoalmente satisfeito com o que foi dito até agora. Eis então as duas grandes interrogações que dominam minha reflexão.Vou abordar a primeira, a propósito da dor.

O que é a dor psíquica? Vou expor para vocês a teoria psicanalítica da dor psíquica, teoria forjada ao longo de todo o meu trabalho com pacientes e a partir das minhas leituras. Esclareço logo que nenhum dos nossos grandes mestres – Lacan e Freud, e até mesmo outros como Melanie Klein ou, mais próxima de nós, Françoise Dolto – tem uma teoria explícita da dor psíquica. Não existe texto clássico básico como sobre outros temas. Em Freud, há algumas aproximações, aqui e ali, em sua obra. Em Lacan, a dor é mencionada uma vez em seu seminário *As formações do inconsciente*, outra vez no seminário

O desejo e sua interpretação, pouquíssimas vezes, praticamente nada, em trinta anos de Seminário. Como não existe texto exclusivamente dedicado ao tema da dor, tive que avançar com as próprias pernas, reunir, refletir e criar o que vou lhes dizer. Enfim, é a minha teoria pessoal inspirada pelos meus mestres que vou expor.

Gostaria de fornecer três pressupostos antes de definir a dor psíquica. Em primeiro lugar, de todos os afetos: amor, ódio, ciúme, carinho etc. – e, vejam, já me sinto obrigado a dizer o que é um afeto –, a dor é o afeto mais difícil de ser apreendido pelo pensamento, esquivando-se imediatamente. Temos uma dificuldade particular para circunscrevê-lo. Em segundo lugar, a dor psíquica não é obrigatoriamente um fenômeno patológico, nem um afeto que apareceria apenas em circunstâncias penosas como no exemplo que acabo de dar. Acredito, ao contrário, que a dor psíquica escalona a vida de todos, como se amadurecêssemos a golpes de sucessivas dores. Para quem pratica a análise, revela-se em toda a vidência que a dor está no centro do nosso ser, é constitutiva do nosso ser; e quando ficamos doentes, quando sofremos, vejo nisso o sinal incontestável de uma experiência, a experiência de uma prova em curso. Não estou dizendo, apresso-me a esclarecer, que a dor seja uma coisa boa ou ruim, digo que ela existe, sem prejulgar. O tema da dor em medicina acabou virando uma espécie de moda. Quando comecei meu seminário sobre a dor, em 1984, ninguém falava disso, nem de um ponto de vista psíquico, nem de um ponto de vista médico. Porém, de uns tempos para cá assistimos ao surgimento de muitos livros de medicina sobre o tema da dor, e não apenas de livros. Vocês sabem que o Ministério da Saúde decretou recentemente uma série de medidas para que a dor seja levada em conta no hospital como um mal a ser evitado a todo custo, sobretudo entre as crianças. Portanto, a dor faz-se presente nos dias de hoje, todos os médicos têm a palavra "dor" na cabeça. E se vocês abrirem qualquer livro atual sobre a dor, verão o seguinte: a dor não é uma boa coisa, vamos destruí-la, dar cabo dela etc. Compreendo que façam isso em reação contra toda uma tradição, uma ideologia um pouco religiosa, moralista, que dizia: se quisermos ser bons ou maduros, temos que sofrer. Esta não é minha posição. Mas não queria que, criticando essa posição, deixássemos de constatar que efetivamente as provas que atravessamos são inevitavelmente, quando são provas autênticas, dolorosas. Eu diria que a dor é o sinal de que a experiência que atravessamos é uma prova. E, em segundo lugar, que essa travessia dolorosa da prova provoca efetivamente uma espécie de reciclagem, de mudança no sujeito, que podemos chamar de amadurecimento.

Eis um outro pressuposto, uma outra precisão que deve ser estabelecida antes de definir a dor. Vocês verão ao longo da minha exposição que o conceito de dor, ou a idéia de dor, aparece sempre no limite – é por essa razão que é difícil circunscrever – entre o corpo e a psique; no limite entre o funcionamento normal do psiquismo e o psiquismo patológico; no limite entre o eu e o mundo exterior; e, finalmente, no limite entre o eu e o outro. Em suma, a dor é um fenômeno de limite, um afeto-limite. O que quero dizer aqui é que a dor, de todos os afetos, não apenas é o mais difícil de apreender, como também o que se situa mais perto do limite do funcionamento normal do nosso eu.

Outro esclarecimento. Vocês vão me ouvir dizer: dor psíquica, dor de amar, dor física, dor corporal. Estabeleço uma diferença entre dor psíquica e dor corporal, ao passo que na realidade não há diferença. Não existe diferença entre dor psíquica e dor física porque a dor é um fenômeno misto. Mesmo se retomarmos a definição de dor segundo a OMS, vocês verão que os médicos ficam bastante atrapalhados. Os que trabalham com a dor do ponto de vista médico deram uma definição que poderia ter sido sugerida por um psicólogo, é espantoso. Eles são constantemente levados a repetir: é um fenômeno subjetivo, é uma experiência vivida... Sabem que não se pode falar de dor física sem fazer intervir de maneira dominante o elemento emocional e subjetivo. Porém, do ponto de vista analítico, há uma razão mais importante que torna a dor física bem próxima da dor psíquica: se vocês me perguntarem qual é a teoria psicanalítica da dor, irei consultar o que foi afirmado por Freud. Mas, quando lemos o que Freud escreveu sobre a dor psíquica, constatamos com surpresa que ele repete exatamente o mesmo modelo que utilizara para elaborar sua teoria da dor física.

O conceito de dor psíquica em análise é calcado no conceito de dor física vista pela psicanálise no início do século XX. Freud tem uma teoria da dor física, corporal. E é aí que vamos encontrar a Imagem Inconsciente do Corpo, de Françoise Dolto. Para aprofundar o tema da dor psíquica, fui então obrigado, por uma questão de rigor, a me dizer: deixemos por ora nossa investigação sobre a dor psíquica e vamos ver o que os médicos e pesquisadores nos dizem sobre a dor do ponto de vista médico, biológico, bioquímico. Pois bem, posso lhes afirmar que a concepção atual da dor do ponto de vista da biologia ou da neurobiologia é uma concepção que não está em contradição com a teoria freudiana da dor corporal. Não digo que seja a mesma, naturalmente que não, mas Freud sugeriu uma série de idéias que podemos qualificar como de vanguarda. Por exemplo, em certo momento ele postula que há moléculas químicas que intervêm na dor. É espantoso escrever isso em 1895. Atualmente sabemos que a sensação dolorosa resulta da transmissão de moléculas químicas muito particulares. Talvez outros autores o tenham dito, é possível, mas vemos que em seus textos de 1895 Freud tenta compreender o que é a dor física. Ora, Freud cria essa teoria quando é um jovem neurologista, e a dor do corpo lhe vai ser útil para explicar mais tarde a dor psíquica. É precisamente ao estabelecer a diferença entre dor física e psíquica que ele vai fundar a teoria psicanalítica da dor. A esse propósito, aconselho-os a ler – pois irá ajudá-los a compreender também a Imagem Inconsciente do Corpo, de Françoise Dolto – o fim de seu ensaio "Inibição, sintoma, angústia". Como muitos textos de Freud, este é um pouco complexo, ele escreve ao mesmo tempo que investiga, e acompanhamos as tentativas de alguém que avança, recua etc. Um dos três apêndices ao final de seu livro é dedicado à distinção entre dor física e dor psíquica. Onde digo "distinção", seria mais justo dizer "assimilação de uma à outra".

Agora, uma última observação geral que tem sua importância. Se devo determinar a paisagem global onde situar a dor psíquica, encontro três categorias de dor. A dor é o último *afeto* no espectro dos afetos; amor, ódio, paixão, culpa, inveja – a dor vem em último. Em último antes de quê? Antes que sobrevenha a psicose, antes da loucura. Isso é não apenas uma observação teórica, como também uma indicação clínica. Quando vocês têm uma paciente como aquela cuja história acabo de evocar, essa mulher achava que estava enlouquecendo, e devo dizer que em certos momentos de fato estava. Isso acontece às vezes com pacientes em momentos de extrema dor, eles alucinam. Hoje é da dor enquanto afeto-limite que vou falar.

A segunda categoria é a dor como sintoma. Seja uma dor corporal ou uma dor psíquica, essa dor é a expressão manifesta, vivida e exterior de uma força inconsciente, de um conflito inconsciente, para falar de maneira clássica. De maneira geral a dor é a expressão de um conflito. Posso afirmar, a partir da minha experiência, que a dor é a expressão de uma pulsão inconsciente. Nos pacientes que vemos em nossas consultas, as manifestações corporais dolorosas são muito freqüentes. Por exemplo, o caso mais típico é a enxaqueca crônica, que não cede; o paciente vai visitar diferentes médicos, ninguém descobre motivo para seu distúrbio e o paciente sofre sempre daquela enxaqueca que está, se interrogarmos corretamente, ligada a um elemento emocional passado, mas a dor é sempre a expressão de um conflito inconsciente. Isso corresponde ao que encontramos nos casos de histeria. Na época Freud chamava de histeria de conversão esses casos. Por que de conversão? Porque Freud a distinguia da histeria de angústia. Dizia: histeria de angústia é o nome que damos à fobia, e histeria de conversão é o nome que damos à histeria tal como a conhecemos e que se caracteriza por distúrbios corporais inexplicáveis. A histeria é dita de conversão porque a sobrecarga de tensão inconsciente transforma-se em distúrbios corporais. O que então se converteu no corpo? A carga de energia inconsciente. Em vez de dizer somatização, como se diz hoje genericamente, Freud falava de conversão. Acho o termo "conversão" muito interessante porque permite trabalhar com nossos pacientes de outra forma. Quando dizemos somatização, falamos imediatamente de soma, do corpo. Quando digo conversão, falo do mecanismo, e não do lugar onde isso se manifesta. Nesse caso, a dor como sintoma deve ser entendida como a manifestação no corpo, vivida, sentida, percebida pelo paciente, de um conflito que ele não percebe, que não ouve, que não vê e que não compreende. Essa dor, manifestação corporal de um conflito inconsciente, obedece ao mesmo mecanismo gerador de uma dor psíquica. Por exemplo, pessoas capazes de em determinado momento sentir-se num estado de tristeza inexplicável; não é melancolia, não é um luto patológico, é um estado difícil de compreender. É um estado que me faz pensar no *spleen* de Baudelaire. São manifestações penosas que lembram o que chamamos em medicina de dor psicogênica. Se vocês pegarem qualquer livro dedicado à dor, que são inúmeros atualmente – vão a uma livraria médica, consultem essas obras, procurem no sumário como eu fiz –, encontrarão sempre um capítulo intitulado "Dor psicogênica". Os médicos nunca deixam de falar disso, porque conhecem esse fenômeno clínico através dos pacientes que têm dores corporais inexplicáveis. Nós, analistas, chamamos essas dores psicogênicas de dores-sintomas, pois são a manifestação no corpo, o sintoma de um conflito psíquico inconsciente. Lembrem-se do célebre caso de histeria relatado por Freud, o de Dora. Dora sente uma dor na coxa, Freud a interroga, e descobre na linha associativa das lembranças de sua paciente que, quando seu pai estava doente, ela colocara a cabeça do seu pai sobre sua coxa; e, por pudor, ficara constrangida ao ver aquela cabeça tão perto do seu sexo. E Freud conclui: mas essa dor da coxa não passa da expressão, no corpo, de seus conflitos incestuosos, de seus desejos incestuosos pelo seu pai.

A terceira categoria de dor é a dor como *objeto e objetivo do prazer perverso*. Objeto do prazer perverso, seja sádico ou masoquista, e objetivo no sentido da dor enquanto objeto a ser investigado, é por isso que não distingo objeto e objetivo do prazer perverso. A dor, como sabem, está no centro da busca do prazer do perverso sádico e masoquista. Nesse ponto, tenho que me deter. Gosto muito de dissipar preconceitos enraizados em nossas falsas opiniões: a dor que o sádico busca, ao contrário do que diz o lugar-comum, não é absolutamente a dor verdadeira. O que conta, no roteiro perverso ou masoquista, sobretudo sádico, é que a dor esteja presente através dos seus semblantes: o grito, as contorções, as sensações, sim. Mas não é a dor mais lancinante, isso nada tem a ver com a dor do doente. É um estado, uma espécie de comédia real e bem representada de viver a dor. Os sádicos, como vocês sabem, fazem contratos, como pude saber por intermédio de pacientes perversos sádicos e masoquistas. Acontece da seguinte forma. (É um mundo bem difícil de penetrar, infelizmente, porque para entrar é preciso ser um de seus atores e passar por experiências. Foi apenas por intermédio de uns poucos pacientes que eu soube o que se pode saber, ou de leituras, às vezes livros bastante fidedignos.) Acontece da seguinte forma: faz-se um contato pela Internet, procura-se alguém que queira participar de uma experiência sádica, um jogo sádico, uma relação sádica, sadomasoquista, marca-se um encontro no café da esquina, fica-se cara a cara: "Bom dia, senhora, bom dia, cavalheiro. Está pronto? Sim, sim." Tudo é combinado sem papel, não há contrato escrito como para o aluguel de um apartamento, nem formulário. Entra-se num acordo quanto ao local e os gestos. É preciso ser muito claro: vamos fazer isso, vamos fazer aquilo. É realmente uma encenação, os perversos são autêntícos encenadores. Saibam que os perversos sexuais são quase todos miseráveis e pobres no plano psíquico; isso é o contrário do que pensamos. Sob a palavra "perverso", abrigamos a falsa idéia de um homem poderoso, um homem que ri de nós, um homem que tem força, poder etc. Mas isso nada tem a ver com a perversão. A criatura perversa é uma criatura pobre, limitada, é um clown impotente, em geral são todas criaturas impotentes, os homens são todos impotentes, ou vítimas de ejaculação precoce ou não-ereção. Isso nada tem a ver com aquela imagem da ereção e da potência. Absolutamente nada. O perverso não pode absolutamente nada! São criaturas tristes, que, exceto nesses momentos de excitação que são as cenas de perversão, ficam mal, muito mal, apagam-se completamente. Há três estados para o perverso clínico: o estado de excitação quando o impulso o habita; o estado de tristeza após o ato perverso (a experiência perversa é em geral uma série de fracassos retumbantes, e ainda que não haja fracassos, o perverso é triste); e o terceiro estado é um estado de tédio, a vida é uma vida de tédio. Em geral são intelectuais; não se pode negar, não são artesãos nem pedreiros, em geral estão entre os professores, entre pessoas como nós. O perverso tem apenas, em contrapartida, uma capacidade extraordinária, um dom extraordinário – nisto, é superior a todos nós –, o dom de encenar seu desejo perverso. Essa faculdade é extraordinária, alguns são muito hábeis, outros menos, mas há sempre tentativas, são autênticos encenadores. O sujeito vai dizer: "Então vamos fazer isso, ponha luz aqui, vamos colocar as luzes ali." Ou então, quando é um exibicionista, como ouvi em sessão por diversas vezes, acontece em geral da seguinte forma: "Vou à piscina, e depois, fique sabendo – dirigindo-se a mim –, sei que por volta das cinco e meia as moças saem; ora, nessa piscina o mictório acha-se exatamente à direita da saída, então sei onde devo me colocar para que num dado momento, às cinco e quinze, eu me vire e faça como se urinasse, mas na verdade não estou urinando, e nesse momento as garotas passam, não consigo perder o olhar das garotas. É tudo planejado." Peguemos o caso de outra perversão, a do sadismo ou do sadomasoquismo; o que conta não é realmente que o masoquista sofre, como sofre alguém a quem se faz por exemplo uma incisão ou uma extração de dente, não é uma dor inteiramente vivida. É uma dor que se tenta viver mas que não se vive. É uma mistura entre a comédia da dor e a dor verdadeira. É uma instauração dos semblantes da dor: o grito, as contorções, os movimentos, tudo que evoca a dor. Existe dor, existe uma sensação dolorosa indiscutível, mas tolerável. Há como um jogo, um simulacro. E tudo isso está programado antecipadamente, estabelecido previamente por contrato. Isso é muito importante, o fenômeno do contrato na perversão. Sobre esse ponto, há um livro notável de Gilles Deleuze intitulado *Apresentação de Sacher-Masoch: a Vênus de peles*, em que Deleuze esclarece, como nenhum analista o fez, os roteiros da perversão. Eu teria muito a dizer sobre isso, é apaixonante, e isso me leva ao tema do grito – um belíssimo tema. Afirmo que o grito é o simulacro da dor. O simulacro no sentido de Lucrécio. Lucrécio é o grande teórico do simulacro, e é muito interessante pensar o grito como um simulacro da dor. Quis lhes dar esse panorama para que pudessem se situar; vamos abordar a dor como afeto último, a dor como sintoma e a dor como objeto e objetivo do prazer perverso.

Agora vou expor a teoria analítica da dor física, a fim de que possamos passar em seguida com mais facilidade para a teoria psicanalítica da dor psíquica. Para definir a dor física tal como Freud propõe – esta é minha leitura freudiana, pode haver outros analistas que o leiam diferentemente –, convém começar por dizer que a dor corporal é uma brecha, uma ruptura, uma efração do limite protetor do eu que é o corpo. Essa efração é provocada por um acidente externo, seja ele qual for, uma queimadura por exemplo. Nesse caso, o acidente externo rompe o limite, produzindo-se um fenômeno energético de entrada maciça de energia por essa abertura. Uma entrada maciça de energia que fará irrupção no seio do eu, como uma tromba-d'água, e que vai submergir não o corpo, mas o eu. Isso significa que a tromba-d'água, essa energia, vai inundar, vai invadir o centro psíquico do eu. Há muitas nuances. Gostaria de ser preciso: a dor corporal é um afeto, é uma sensação provocada pela entrada maciça de energia que toca o centro mesmo do psiquismo. É uma definição correta, mas genérica. Se eu tivesse aqui, ao meu lado, um cientista trabalhando atualmente sobre a dor, ele me diria: "É muito simpática essa idéia, mas, apesar de tudo, reconheça, comparado a tudo que fizemos, muito genérica." É genérica, é verdade, mas essa idéia nos faz refletir, já nos faz avançar e vai nos permitir chegar ao problema mais complexo, ali onde ele, cientista, não sabe nada sobre a dor psíquica. Essa dor, essa sensação, eis a nuance que eu queria acrescentar: a dor corporal é uma sensação experimentada no corpo, sim, mas provocada por uma entrada maciça da energia que invadiu o inconsciente, que invadiu o centro do psiquismo, o que Freud chama naquele momento de neurônios da recordação, isto é, que essa energia toca o coração mesmo do psiquismo. Sejamos mais uma vez precisos e concluamos com clareza: sofro no meu corpo porque alguma coisa acontece no meu psiquismo. O que acontece no meu psiquismo é um estado de choque, essa entrada maciça de energia provoca um estado de choque no eu. Esse estado de choque tem um nome em psicanálise: chama-se trauma.

Que é o trauma? Não vou desenvolver aqui a teoria do trauma, quero manter o fio do tema da dor, mas desde já quero dizer por que essa palavra é tão utilizada e ninguém sabe muito bem o que significa. Trauma quer dizer que há um impacto desmesurado para um corpo ou elemento ou criatura que não consegue assimilá-lo. É simples: é uma excitação intensa demais para ser integrada. Se há um ruído do gênero estalar de dedos, nossos ouvidos, nossa atenção, nosso psiquismo o integram muito bem. Se, em contrapartida, é a explosão de uma bomba, somos ultrapassados, não integramos mais, não assimilamos mais, nem o ruído nem o acontecimento. Chamamos trauma o estado no qual uma criatura não está em condições de assimilar uma excitação excessiva. Isso é muito claro. Pois bem, aqui, o eu está em estado de trauma porque não consegue assimilar essa entrada maciça de energia, amortecê-la, conciliar-se com ela. Essa idéia de conciliação, de integração, de assimilação está o tempo todo presente na obra de Freud, toda a teoria do inconsciente está baseada nessa idéia de representações ou de energia que não são conciliáveis com nosso eu. Levantemos uma questão: o que é o inconsciente? Eu responderia que o inconsciente é uma coisa em nós que não é conciliável conosco. Ele está em nós, mas não é o tempo todo conciliável. Freud fala de representações inconciliáveis, elementos não-integráveis. Se vocês retomarem os textos freudianos e pensarem em sua experiência pessoal, constatarão que o que é inconsciente e se exprime através dos nossos atos cujo alcance ignoramos, pois bem, esse inconsciente é alguma coisa que é estranho em nós, como um estranho que nos habita, com o qual convivemos, mas que, no final das contas, não integramos. Com o qual convivemos, mas que não assimilamos inteiramente. Do ponto de vista metapsicológico, dir-se-ia que há "o eu e o isso". O eu é o que somos, o isso é não-integrável no eu. O que isso significa, o eu não conseguir assimilar a entrada maciça de energia? O que ele vai fazer diante dessa situação? Vai se produzir o seguinte fenômeno: o eu, com o pouco de força que lhe resta, vai tentar contra-atacar essa entrada de energia investindo as beiradas da efração para tentar reduzir a entrada de energia, reduzir a abertura da ferida, se assim posso dizer, reforçar, fazer uma espécie de barreira protetora de defesa. Esse movimento defensivo do eu chama-se um contra-investimento. Isso significa que o eu tenta fazer o quê? Quando eu o disser, vocês acharão muito banal. Ele tenta fazer um curativo em si mesmo, é como um cão, um animal sozinho, que tentasse fazer um curativo em sua ferida, lamber sua ferida, como para poder fechar a efração e conter, deter a invasão de energia. É um contra-investimento. Uma espécie de autocurativo. Então acontece outra coisa, que devo acrescentar, é que o eu, em seu interior – e eis que chegamos à imagem inconsciente do corpo –, tem dentro de si uma representação do lugar corporal onde ocorre a ferida. Exemplo: vamos supor uma queimadura no braço; o eu fará então uma imagem do braço queimado. Fará uma representação do lugar corporal onde se deu a agressão, onde a excitação provocou uma lesão. Essa imagem, essa representação corporal, também será objeto de um sobreinvestimento. Digo "também" porque tínhamos visto que o eu operava um sobreinvestimento das beiradas da ferida para reduzir a efração. Eu havia chamado de "barreira protetora de defesa" a esse esforço de contenção. Agora, digo-lhes que o eu opera outro sobreinvestimento, mas dessa vez da representação psíquica do lugar ferido. Peço-lhes que guardem na mente essa idéia de "autocurativo do eu" como defesa contra o trauma, como maneira de conter o afluxo de energia e se recobrar diante do choque. Peço-lhes que guardem essa idéia porque vamos utilizá-la para a dor psíquica.

Sucintamente, o que é a dor corporal? Temos duas definições. Em primeiro lugar, a dor corporal é uma sensação provocada pela percepção que o eu tem de uma efração. Esta é uma primeira e vaga definição. É o que dizemos todos habitualmente quando estamos doentes: minha ferida me incomoda, minha lesão dos tecidos me incomoda. Esta é a definição da OMS, a qual é obrigada a falar de dor, falar de lesão de tecidos. É a sensação provocada por uma lesão dos tecidos. Segunda definição da dor corporal: é também uma sensação, provocada pela percepção que o eu tem não mais da lesão, não mais da efração, mas da comoção interna provocada pela entrada maciça de energia. Proponho-lhes então estas duas definições: 1) a dor corporal é uma sensação porque percebo a lesão; 2) a dor corporal é uma sensação porque percebo os efeitos dessa lesão, isto é, o transtorno, a reviravolta interna que essa lesão desencadeia. Mas quer se trate da percepção de uma efração, quer se trate da percepção de um choque, de um desregramento do sistema interno, de uma comoção, de um trauma etc., a dor corporal é sempre – e é isso que me parece novo, ainda que tenha sido dito pelos antigos – provocada por uma perturbação do psiquismo, e isso que é importante. Quando abordei esse tema há algum tempo, duas pessoas vieram falar comigo depois da conferência e me disseram: "Gostaríamos de trabalhar com o senhor porque é a primeira vez que ouvimos alguém dizer claramente que a dor física é a mesma coisa que a dor psíquica." São pessoas que nada têm a ver com psicologia. Uma delas acrescentou: "Sempre soube disso mas não sabia como dizê-lo. Quando vou a um médico, para mim esse médico não entende nada, ele me replica: 'Senhora, são duas coisas diferentes' etc. Hoje foi a primeira vez que alguém disse claramente que eu tinha razão, que a dor física do meu corpo é exatamente a mesma coisa que uma dor psíquica."

*

Gostaria agora de abordar um aspecto da minha teoria para explicar a dor psicogênica. Efetivamente, uma das explicações para a dor psicogênica, essa dor que justamente não tem explicação, que não tem causa orgânica detectável, é que a dor de um antigo trauma vai reaparecer tal e qual no momento do que Freud chama de emergência do objeto hostil. Isso significa que no momento de uma forte excitação provocada por um agente externo, que chamamos de objeto hostil, o eu vai descobrir a imagem de um objeto hostil precedente que provocara um primeiro trauma. A propósito dessa tese freudiana segundo a qual uma lesão no corpo suscita a reaparição da imagem do antigo objeto hostil, pergunto-me se é possível pensar que, da mesma forma, a aparição de um semblante da dor pode despertar a dor. É complicado. É isso, quando sofro, grito, e daí? Será que quando grito desperto um sofrimento? Esta é a questão do perverso: grite e você encontrará a dor. Não digo que seja assim, mas é uma questão que se aproxima muito do célebre reflexo condicionado de Pavlov. Ou seja, quando me esgoelo, há uma secreção gástrica. Eu grito e a dor aparece. Em primeiro lugar, será que a dor aparece? Sim ou não? Em segundo, será que a dor, se aparece, é da mesma ordem que a dor que fora provocada inicialmente por um estímulo exterior? São perguntas que permanecem sem resposta.

A propósito da *dor-afeto*, é muito difícil definir um afeto. Há uma definição de afeto, por Freud, que é uma definição bastante lacaniana: o afeto é o que é despertado por um significante. E Freud diz que as emoções são sempre despertadas por excitações pertencentes à ordem da linguagem. Trabalhei muito a ação do ódio; pois bem, quando se fala de ódio, de amor ou de outros afetos, devemos sempre falar das fantasias que os sustentam, das palavras que os dizem, dos atos que os exprimem ou, ainda, dos gestos que os suscitam. O afeto está sempre em relação com o que o exprime, seja para se exprimir, seja para nascer. Não existe afeto puro, isso não existe. Isso é muito claramente dito por Freud no "Projeto", que a imagem do objeto hostil é capaz de reproduzir a situação traumática. Em termos lacanianos, eu diria que uma imagem tem o poder do significante de fazer nascer uma dor.

Agora, preciso avançar na explicação da dor psíquica tentando apresentar uma série de definições suas. Há cerca de cinco ou seis. A última, já posso lhes anunciar, é um destroçamento, como se em uma matéria que é toda unida, compacta e coerente em si mesma, vocês rasgassem fibras que lhe são íntimas. A dor psíquica é um dilaceramento das fibras íntimas, é a dissociação do que é natural e espontaneamente sempre chamado a viver em conjunto.

❑ *Poderia nos dar um exemplo clínico desse dilaceramento doloroso da trama do eu?*

Penso aqui num paciente, que tive que hospitalizar recentemente, um psicótico, que tomei em análise numa espécie de desafio que diz respeito a todos nós... Cada um tem seu desafio e sua vontade de lutar. Eis um exemplo disso: recebo esse homem há dois anos, meu olho clínico me dizia que era uma psicose, uma antiga psicose; que ele conseguira se reestruturar e viver apesar de tudo num certo equilíbrio. Veio me ver depois de ter feito diversas terapias, mas nunca fora hospitalizado. Seu diagnóstico também poderia ser o de um estado-limite: era um estado-limite, mas que teria sido um estado-limite para um clínico que não conhece a psicose. Para quem conhece a psicose, é um psicótico que consegue, depois da adolescência, compensar, reestruturar-se. Em suma, é uma figura clínica diferente da mulher de que lhes falei ainda há pouco, mas também é a dor psíquica. Na volta das férias, cara a cara, sempre tive a sensação de ouvir um discurso delirante. Mas ele era capaz, imediatamente após ter deixado a sessão, de tornar-se perfeitamente coerente com a vida, o mundo, seu trabalho etc. Era um homem sozinho, completamente sozinho. Depois da volta das férias, ele veio e me disse: "Estou perdendo o prumo, tudo escorrega. Não agüento mais, sinto alguma coisa quebrada em mim, mas não sei explicar.

Não sei como lhe falar." É difícil dizer para vocês o que senti tentando sentir o que ele sentia, e ele me disse: "Há uma brecha." Era impressionante, porque eu estava trabalhando a dor, a brecha e a efração e ele me disse: "Uma brecha se abriu. Agora tudo escorrega. Meu pensamento escorrega, não agüento mais." Não era a mesma dor daquela mãe. Isso é compreensível, não existe nada mais terrível que perder um filho, e sobretudo um filho conquistado após longas lutas. Mas no caso que nos ocupa, isso é mais difícil de apreender e no entanto sei que a dor está ali. É: "Estou perdendo o prumo, a brecha está se abrindo. Sinto que ela me esburaca, que se enfia dentro de mim." Era impressionante! Entretanto já vivi sessões muito difíceis na minha longa experiência com pacientes psicóticos. Trabalhei muito no hospital, onde conheci numerosos psicóticos e esquizofrênicos. Mas escutar dizer de maneira tão clara, tão precisa, sua dor, isso eu jamais escutara. Talvez seja porque, agora que trabalho o tema da dor, meu ouvido está mais sensível, escuta melhor. Talvez eu não tivesse percebido antes. Ele me fala com suas palavras de um dilaceramento interior que o cliva. Logo, na psicose, há esse estado de dor, de dilaceramento doloroso. Claro, eu dizia que a dor é um afeto-limite, barreira contra a loucura, mas também existe dor na loucura. Por ora, a resposta que dou é que a dor não é diferente no caso da mãe e no desse paciente. Sou obrigado, em função da exposição, a me manter num contexto para me explicar, para não dizer que a dor é o tempo todo possível. Logo, eu a situo no limite. Do ponto de vista da metapsicologia, é correto dizer que ela é um afeto-limite. Mas isso não nos impede de conceber que num determinado momento um sujeito possa delirar e ao mesmo tempo, em seu delírio, possa se ver, se observar e viver o dilaceramento de uma dor. A esse respeito, discordo da idéia de que o louco não sabe que é louco. Isso é absolutamente falso, o louco freqüentemente sabe que é louco, não todos nem em todos os momentos, é verdade, mas todos os loucos sabem num momento ou outro que o são e alguns o sabem há muito mais tempo e de maneira mais apurada. Este prova que, sendo delirante, sabia-se delirante e sabia que perdia o fio – as palavras são dele: "Estou perdendo o prumo, uma brecha abre-se em mim. Não posso fazer nada para contê-la." Eu tinha a impressão de ver alguém que se afogava, eu não sabia que fazer. A única coisa que me ocorreu foi lhe propor consultar um colega psiquiatra para que lhe desse remédios. Ele resistiu, não queria. Finalmente, foi. E recentemente tive que hospitalizá-lo, a despeito do tratamento. Isso terminou com uma ruptura, não é nossa proposta, mas eis a conclusão do caso: ele foi a uma loja de armas. Foi a um subúrbio desconhecido para não ser notado, com a intenção implícita de se matar. Num tal nível de delírio, não podemos saber se é matar ou se matar. Consegui saber que ele fora duas vezes a uma loja de armas para testar armas, que não comprou. Estava delirante, apesar da medicação, e havia emagrecido tanto, pois perdera quatro ou cinco quilos, que tentei hospitalizá-lo. Mas ele não queria. E tive que convencê-lo.

Não havia ninguém que pudesse cuidar dele no nível social, assim peguei meu carro e o levei pessoalmente ao Sainte-Anne para hospitalizá-lo.

Eis um exemplo de dor psíquica na psicose. Eu diria que a dor na psicose é uma das expressões mais patentes do que significa sofrer. Freqüentemente, é uma dor oculta, como a das crianças psicóticas. As crianças psicóticas que se agitam, como às vezes nas sessões, não ouvem nada, ficam por ali batendo nas paredes, não se vê a dor. Elas não gritam sua dor, mas sofrem de uma imensa dor. É um esforço do nosso pensamento saber que elas são habitadas pela mais atroz das dores. Acontece o mesmo com os autistas, que, por sua vez, podem viver uma espécie de anestesia para a dor física ao mesmo tempo em que são afetados por uma hipersensibilidade para a dor psíquica. Seu autismo não passa da expressão visível de uma dor que os dilacera no interior de si mesmos. Isso é um problema, são dores psíquicas que não se manifestam enquanto tais; conhecemos a dor em geral, não há grito, talvez haja pessoas que se retraem, mas não há o grito, não há a queixa, não há nenhuma das reações defensivas que conhecemos na dor.

❑ *O exemplo do paciente que o senhor ajudou a se hospitalizar mostra claramente que às vezes o analista deve saber deixar seu lugar.*

Exatamente. Tenho consciência disso. Julga-se erradamente que o analista está sempre numa escuta constante e que ele é analista em todos os momentos. Acredito que um analista é um ótimo analista quando sabe circunscrever os momentos em que ele é analista e os outros momentos em que é uma criatura que pode dizer a alguém "Vá consultar um psiquiatra" ou "Escute, prefiro que venha me ver uma segunda vez esta semana, ou uma terceira vez esta semana." Às vezes o analista é um professor, às vezes um educador. Uma das coisas negativas é acreditar que um analista o é 24 horas por dia. Sou analista e acho procedente, com um pai que tem um problema grave com o filho, saber em que momento da sessão lhe falar, transmitir-lhe uma experiência que eu, por minha vez, aprendo das crianças que recebo ou até dos meus próprios filhos, dar-lhe uma palavra que possa orientá-lo em seu problema de pai. Nesse caso, exerço função de educador. Às vezes exerço função de mestre/senhor, como por exemplo outra noite, quando levei no meu carro o paciente que eu tentava convencer a ir para o hospital. Ele me disse: "Vou se o senhor me levar." Perguntei: "Se eu levá-lo o senhor vai?" Respondeu: "Sim." Então desmarquei as sessões com meus outros pacientes, telefonei para que alguém viesse avisar os que esperavam e saí com esse homem no carro. Trata-se, no caso, de um gesto de mestria, no sentido nobre do termo, isto é, alguém que dirige, sabe gerir o tempo e adota a ação apropriada para determinada situação.

Mas há um outro problema que gostaria de mencionar, referente não ao que faz o analista, mas ao que diz o analista quando ensina, como faço hoje. O problema é o seguinte: quando estou diante de um público, não posso dizer que um analista pode se permitir aplicar todas as técnicas, pois há ideais a serem preservados, e às vezes esquemas a serem distinguidos. Por exemplo, a questão da diferença entre psicoterapia e psicanálise. Se esta manhã vocês me fizessem a pergunta: "Sr. Nasio, o senhor estabelece uma diferença entre psicoterapia e psicanálise?", eu lhes responderia: "Claro. Uma não tem nada a ver com a outra." Em meu foro íntimo, porém, sei que na minha prática eu não opero nenhuma distinção. Continuo psicanalista mesmo quando faço gestos que poderiam ser qualificados de psicoterapêuticos. Quero dizer que, de um ponto de vista público, tenho uma responsabilidade de uma palavra docente que sustenta uma orientação e um ideal. Se escutarem alguém lhes dizer "Faça de tudo, qualquer coisa", isso não pode dar certo. No início da minha formação, eu achava ótimo me dizerem: "Jovem Nasio, há uma nítida diferença entre psicoterapia e psicanálise." Isso me convinha, era útil para mim, como todos os clínicos iniciantes eu precisava das classificações.

Naturalmente, precisamos saber o que fazemos! Sobretudo quando ensinamos. Aquele que fala em público tem uma responsabilidade, e aprendi com o tempo a modular a maneira como falo da minha prática. Por um lado, preciso mostrar minha humanidade, uma vez que ela está presente. E, ao mesmo tempo, preciso precaver meus ouvintes lhes dizendo: "Atenção! Não se pode fazer qualquer coisa."

Há portanto um elemento que desempenha o papel de aval da nossa prática, isto é, saber o que se faz. Para mim, é a única condição. Isso significa que quando estou dando ao meu paciente que tem graves dificuldades com o filho algumas orientações educacionais apropriadas, orientações que aprendi tanto com os jovens que atendo quanto com minha vida pessoal, e que me foram úteis, sei então que exerço a função de educador. Tenho consciência de não estar na posição analítica nesse momento. Sei também que, quando escuto meu paciente psicótico, e que vejo como em uma imagem o dilaceramento provocado por sua dor psíquica, nesse caso sou analista.

A dor psíquica como lesão do laço com o outro

A dor psíquica também é uma percepção de uma efração por parte do eu, mas dessa vez uma endopercepção, uma percepção para o interior de uma comoção interna. Sim, podem dizer das duas maneiras. É a percepção pelo eu de uma lesão – vocês vão ver do quê – e uma comoção interna provocada pela lesão. É portanto a mesma coisa que para a dor física. Mas a efração, a lesão, situa-se não no limite protetor do eu, mas na relação com o outro, nesse laço com o outro. É uma efração não no nível do limite protetor, mas no nível do laço que liga uma criatura a outra. A lesão é uma lesão do laço: a lesão do laço com o outro. Quando se produz uma lesão do laço com o outro, ocorre o mesmo fenômeno de trauma, de comoção interna do eu. O que é a dor psíquica? É o afeto que resulta da percepção pelo eu de um estado de comoção interna provocado pela ruptura não da barreira exterior, como era o caso para a dor corporal, mas pela ruptura do laço que nos liga ao outro. É isso.

Essa definição é a primeira das cinco ou seis que eu lhes anunciava. Para chegar às outras, preciso explicar-lhes que esse eu transbordado, ultrapassado pela irrupção de uma energia maciça que o submerge, esse eu traumatizado vai novamente enviar impulsos de contra-energia, de contra-investimento, não sobre a efração ou sobre a representação do lugar do corpo como era o caso para a dor corporal, mas sobre a representação psíquica do outro desaparecido. O contra-investimento vai carregar a imagem do outro que existe no eu, o outro ao qual estávamos ligados. Quando há ruptura do laço, há entrada maciça de energia, há comoção interna e há movimento de defesa do eu no nível da representação psíquica do amado. A questão que se coloca agora é a seguinte: por que a ruptura do laço afetivo com o amado, por que essa ruptura pode provocar dor? Como e por que ela pode provocar dor? A dor é a reação à perda do ser amado. A angústia, a ser distinguida da dor, não é a reação à perda do ser amado, é a reação à *ameaça* da perda do ser amado, ao risco de perder o ser amado. Ou seja, o sentimento ou o afeto que surge quando sou ameaçado de perder o que me é mais caro. Poderíamos traduzir isso com nossas fórmulas. Eu lhes dissera que a dor era um afeto provocado pela percepção por parte do eu da comoção interna que se desencadeara com a ruptura do laço com o outro. A angústia é o afeto que sobrevém quando estou ameaçado de ruptura ou trauma. Convém assinalar que a angústia precede o trauma, e freqüentemente o evita. O trauma, justamente, é o estado que se produz – e nesse ponto digo-o de maneira bem genérica – quando não há angústia para se defender. A angústia é uma ótima defesa. É o que explica as neuroses traumáticas, as neuroses de guerra, as neuroses de estupro, quando o sujeito é atacado e não teve tempo não somente de se defender, mas de se angustiar, logo não pôde prever e amortecer a agressão. Eis a necessidade da angústia. A angústia é uma coisa boa, a dor, nesse nível, não o é. A angústia é um afeto que vem nos pôr em estado de alerta, com a dúvida sobre o perigo que pode surgir, ela prepara o sujeito, permite-lhe defender-se. É muito diferente da dor, em que o sujeito sofre a ação. E é muito diferente do pavor. Há a dor, há a angústia e há o pavor. O pavor é o estado de paralisia que sobrevém quando o sujeito sofre o trauma. O pavor é muito próximo da dor, situa-se, eu diria, antes da dor. Há a angústia – eu prevejo a agressão; no pavor, sou arrebatado pela agressão, fico paralisado, petrificado, perplexo, não corro, não consigo escapar, minhas pernas não funcionam. A dor é o que vem depois do pavor. Estou doente, estou descompensado, estou num estado de choque, então sofro. Há três momentos a distinguir: a angústia, o pavor e a dor.

Peguemos o exemplo de uma paciente que vem me consultar porque foi estuprada, e estuprada de forma brutal. E é impressionante porque já se passou um ano desde o estupro. Ela ficou muito mal durante um certo tempo, depois se recuperou; como a paciente de que falávamos ainda há pouco, os seres humanos têm essa qualidade de saber levantar e saber sempre, enquanto há vida, lutar. Bom, ela se recupera, e o que acontece? Ela começa a pensar no estupro, sonha com estupro, não com o estupro por ela sofrido. E depois, encontra um companheiro que se excita quando ela lhe conta a história do estupro. Há um fenômeno de ressurgimento do caso do estupro. E foi exatamente isso que aconteceu com os neuróticos de guerra, a propósito dos quais Freud diz: como é possível um soldado sofrer um traumatismo mental no momento em que uma bomba explode ao seu lado, não ser atingido fisicamente, deixar o front, voltar para casa e todas as noites sonhar com a bomba explodindo ao seu lado? E a resposta de Freud é: o sujeito retorna à cena traumática para fazer o que não pôde fazer no momento do drama.

O que era importante para essa paciente era poder reproduzir a cena traumática e fazer o que não pudera fazer então, e completar alguma coisa inacabada. E essa mulher estuprada, ela quer voltar ao estupro, como para se angustiar. Ela não conseguira se angustiar, foi tomada pela surpresa – como por ocasião de todos os traumas. O trauma, como lhes disse, é um impacto incomensurável que não conseguimos integrar. A angústia, por sua vez, é uma boa maneira de integração, é uma boa integradora, um bom intermediário entre o mundo exterior, o outro e nós. A angústia é um bom filtro de integração. Quando a angústia não se faz presente, utilizamos a representação para nos angustiarmos. Mas eu diria que não basta dizer, sim, teríamos que representar o trauma, nomeá-lo, falá-lo, tratá-lo, refleti-lo para fazer o luto dele. Mas também para que, ao falar dele, ao nomeá-lo e representá-lo, eu seja capaz de me angustiar.

A idéia não é que o laço seja restaurado. O luto é interessante porque isso nos diz respeito tanto coletiva quanto individualmente, penso que deve haver mecanismos semelhantes. O luto não é o trabalho de soldagem do que se rompeu. Não, o luto é o trabalho para fazer com que o que não está mais aqui esteja em concordância com um outro aqui, e que ao mesmo tempo eu possa substituir o que existia antes por um outro que ocupe seu lugar, sem com isso esquecer o morto. Portanto, convém dizer que o luto é o trabalho que consiste em preservar a imagem do outro perdido, investi-lo sem que essa imagem tenha necessidade da pessoa viva do morto. É o exemplo da minha paciente, ela acompanha esse movimento sem o saber. Ela tinha horror a que lhe dissessem: "Não liga não, você terá uma segunda gravidez, vai ver, vai ter outro filho..." Ela era alérgica a esse discurso, tinha vontade de matar quem lhe dissesse isso! Eu entendia perfeitamente... É entretanto o que nos ocorre quando queremos consolar alguém: "Ora, você vai ter outro filho etc." Isso quer dizer: você o perdeu na realidade, mas pode colocar outro no lugar. E ela se insurge: "De jeito nenhum, quero que ele permaneça vivo em mim. O problema é esse." O que me interessou foi o seguinte: um dia eu estava no meu consultório, sentei-me, estava concentrado, e sem querer eu lhe disse: "Sim, porque se esse segundo filho vier...", ela pára e diz: "Mas é a primeira vez que me falam em um segundo filho." É uma banalidade quando falamos assim, isso é óbvio! Mas levei sete meses para descobrir esse óbvio, e foi aliás ela quem me fez notar, pois eu o dissera sem saber. Ela me disse: "Mas é a primeira vez que me falam em segundo filho. Isso me alivia, com certeza. Pois bem, agora, sim, posso pensar em ter um segundo filho." Isso é extraordinário – e de uma simplicidade! Mas naquele contexto não era óbvio.

Eis o processo do luto. O luto é finalmente um trabalho que consiste em reconhecer que o outro está morto fora de nós e que está vivo dentro de nós. Isso é simples, mas eu nunca vira isso escrito em lugar nenhum. É uma banalidade, mas é preciso poder dizê-la e transmiti-la. O luto é saber duas coisas ao mesmo tempo: ele não está aqui, mas está em mim. Tive um caso, ontem, formidável. É uma menina de 12 anos, que tem fobia da escola, negando-se a ir a aula desde o fim das férias. Mudou de escola e passou para o ensino fundamental, e, desde então, não consegue atravessar o portão de entrada. São casos freqüentes. Nesse caso, não há dor, há angústia, é a angústia que domina. Os pais vêm falar comigo e me dizem: "Ela foi a um psiquiatra, e não ficamos muito satisfeitos, a um psicanalista, e não ficamos muito satisfeitos. Eles queriam lhe dar um remédio etc." Mas eu lhes respondi: "Escutem, vamos fazer o seguinte. Eu já conheço inúmeros casos como este. Há um trabalho a ser feito com a criança. Vamos dar um prazo e, se durante esse período ela continuar a não conseguir ir à escola, então lhe daremos o remédio." Existe um excelente remédio para fobia, que não é apenas um antidepressivo, funciona também muito bem para casos de obsessões ou fobias graves. Essa criança corre o risco de perder todo o seu ano escolar, é uma situação muito difícil. Trabalho então com a criança e vejo o pai e a mãe individualmente. E surge o seguinte fenômeno: é que houve um bebezinho que morrera dois anos antes de ela nascer. Escuto isso, eu não queria interferir muito nesse nível porque me parecia que já estava preocupado demais pela série de medidas "não analíticas", e ao mesmo tempo muito analíticas, porque se tratava de agir de modo a fazer com que a criança fosse à escola. Eu tinha que dar muitos conselhos, e uma série de truques que em geral me ajudaram muito a resolver os problemas das crianças que apresentam essas fobias. Desde que atendo essa menina, ela se aproxima cada vez um pouco mais da escola, conseguiu entrar na biblioteca, foi falar com o professor no pátio. Pouco a pouco ela estava entrando na escola. Mas vêm as férias, e é preciso recomeçar tudo. As férias são terríveis nesse caso, porque elas interrompem todo o trabalho feito. Houve férias de novembro e tudo fora por terra: ela não queria pensar de novo em atravessar o portão. Recomeçamos. Eu estava preocupado porque via os pais muito inquietos. Disse-lhes: "Escutem, estipulemos um prazo para nós: se até 20 de dezembro a criança não entrar na escola, passo para o remédio." E logo me lembrei da morte do bebê, então começamos a falar disso, e de repente surgiu, em duas ou três semanas, naquela garota, uma marca de interesse pela morte da criança: o que fizeram com a criança? Onde está enterrada? O que aconteceu? As sessões transformaram-se curiosamente. Enquanto até então eu estava preocupado com truques para fazê-la voltar à escola, ir de carro, tomar o café da manhã perto etc., uma série de coisas que até iam bem, comecei durante as sessões a lidar com o problema do nascimento e morte desse irmãozinho.

E ontem, é bem recente, isso apareceu de maneira evidente. Na primeira parte da sessão, recebo habitualmente as crianças, metade do tempo a criança sozinha, metade com o pai ou a mãe. Faço um trabalho duplo. Ontem, então, chamo o pai, que me diz: "O senhor viu, doutor, está indo bem, não acha?" Esqueci de lhes dizer que a menina de 12 anos levara para mim na sessão de ontem o atestado de óbito do irmãozinho, uma carta que remontava aos anos 1980, dois anos antes de seu próprio nascimento. Perguntei-lhe: "Isso é o atestado de óbito?" Ela me disse: "Sim, leia com cuidado." Li. Uma menina soberba, bonita, inteligente, realmente impossível imaginar que aquela menina tem um problema de angústia de ir à escola. Leio e lhe digo, quando o pai entra: "Sim, mas – de novo o problema daquela outra mulher – mas é realmente seu irmão mais velho? – e me escuto dizendo isso: 'seu irmão mais velho'. Agora compreendo por que você não quer ir à escola. Você não quer ir à escola porque não quer ser a primogênita. Você quer que dêem seu lugar ao seu irmão. Ele morreu, você quer que reconheçam isso." Ele estava enterrado numa vala comum, ela pedira que fizessem uma lápide para aquela criança, queria uma série de coisas, eu estava espantado com aquela retomada, aquele interesse pela morte do irmão. Ontem à noite finalmente percebi que o problema da angústia advinha de que ela fora levada a ser a primeira da família. Ela me diz: "Não compreendo o que o senhor quer dizer, doutor." Respondo-lhe: "Mas é muito simples. Sou um soldado, tenho medo. Se além de ter medo – sou soldado mas já tenho medo – me dizem 'Você será o primeiro do batalhão para enfrentar o inimigo', fico com medo, muito medo, duas vezes medo. Se, em contrapartida, dizem-me 'À nossa frente há um chefe', e eu me ponho atrás do meu chefe, tenho menos medo. E o que você me diz, o que você diz ao seu pai, o que você diz a mim e que você diz ao mundo é: não sou a primeira. Por favor, não me peça para ser a primogênita, não sou a primogênita, sou a segunda da família."

É impressionante. Claro, nessa interpretação – pois é uma interpretação –, ouvi-me nomear alguma coisa como em todas as interpretações, eu disse "seu irmão mais velho". É como a mãe a quem disse "o segundo filho". Essas interpretações são geralmente as melhores interpretações, que surgem no analista quando ele não se dá conta do que diz. No sentido de que não são coisas produzidas pela reflexão. Mas o analista deve pegá-las no ar para lhes dar sentido. É sempre uma palavra que surge nele, vinda do inconsciente. Eis por que formulo isso assim: a interpretação no analista é o retorno, no analista, do recalcado do paciente. O paciente recalca, e esse recalcado retorna no analista. Quando eu disse aquilo à minha paciente, eu não sabia o que dizia no começo – mas ao terminar a frase, percebi. Ontem à noite aconteceu a mesma coisa com essa menina. Achei que a volta às aulas estava bem encaminhada, mas com a intervenção de ontem creio que estamos no fim do problema. Creio aliás que esta manhã ela devia ir pela primeira vez à aula. Ao deixar a sessão, eles partiram, o pai, a mãe e a filha, vocês tinham que ver como estavam, encantados, cheios de força! Tenho certeza de que esta manhã a menina vai entrar na sala de aula e, quando eu a vir, na semana que vem, o problema estará provavelmente resolvido.

O que é então o luto? É preservar vivo o morto, ao mesmo tempo reconhecendo que ele não é mais do nosso mundo. Essa constatação, esse trabalho, não se faz num instante, é preciso tempo, eis por que isso se chama trabalho de luto. É preciso tempo e é preciso trabalho. O que é o trabalho? É dizer todos os dias "ele não está aqui", e também "ele está dentro de mim". É o ritual que ajuda. O ritual não passa de uma maneira de garantir que ele está dentro de mim e que não está aqui. O ritual de ir ao cemitério, o ritual de pensar nele, o ritual de uma palavra, todos os rituais simbólicos relativos à morte de um ente são maneiras que o sujeito utiliza para dizer: ele não está aqui e está dentro de mim. Às vezes, essas perdas são, tal qual a que acabamos de dar como exemplo, a de um irmão ou de um filho; às vezes são outros tipos de separação; há o ódio, há a separação dolorosa misturada com o ódio dilacerante quando há embate, quando há luta. Nesse caso também, devo dizer, é mais difícil ainda preservar do outro o que foi fonte viva para mim. É o que digo às mulheres separadas dos maridos, e tive o caso de uma mãe que me disse: "Mas doutor, como quer... que esse homem de quem estou separada, é um perverso, é um homossexual, virou homossexual, como quer que meu filho passe um fim de semana com ele?" Eu lhe respondo: "Senhora, compreendo, mas, por favor, fale bem desse homem com a criança. Mesmo que ele seja um criminoso, encontre três virtudes para falar bem do pai para o filho." Essa criança precisa ter em si a representação de um pai que não está mais ali e da qual possa se alimentar, porque essa imagem que permanece do outro também é fonte de energia. Ela ajuda a criança a crescer, a descobrir uma fonte narcísica. Temos todo o interesse em preservar essa imagem, ainda que o pai seja um perverso ou um criminoso. E a despeito do ódio da mãe. Não digo à mãe: "Preserve uma imagem desse homem que a traiu." Mas normalmente, cá entre nós, meu maior desejo é que anos depois ela possa se lembrar desse homem como alguém que fez parte de sua vida e que certamente, por uma ou outra razão, foi importante em sua vida, ainda que no fim a tivesse traído. Esta é uma das coisas mais difíceis de se adquirir, e, mesmo falando assim como o faço agora, pode provocar resistências, reticências. Trata-se simplesmente de reconhecer que, se essa mulher se casou com esse homem, não foi por acaso; se essa mulher teve esse filho com esse homem, não foi por acaso. Se tiveram um filho juntos, foi certamente porque esse homem foi muito importante na vida dessa mulher. E porque ela tem todo o interesse em recuperar alguma coisa dele, para o filho – evidentemente – mas até mesmo para ela. Não direi isso a ela porque ela não está em condições de entender, mas no meu foro íntimo seria o que eu lhe aconselharia e aconselharia a mim também se alguma coisa da mesma ordem me acontecesse, a fim de que pudesse mais tarde, chegado o momento, quando meu psiquismo me permitisse, preservar dessa criatura com a qual tive um vínculo tão forte e que me traiu, preservar alguma coisa que me diga respeito. Se eu me separo dele rechaçando-o, convém saber que é uma parte de mim que rechaço. É o que é difícil pensar. Não falo das relações curtas, das relações efêmeras, mas dos laços fortes, como no caso daquela mulher que perdeu um filho. Gostaria de conferir certa nobreza às minhas palavras e dizer que é o trabalho de luto que deve ser feito com as perdas das criaturas que foram amadas e que, por uma ou outra razão, tornaram-se criaturas odiadas. O ódio é outra forma de não fazer o luto. Enquanto existe ódio, não existe luto. Se alguém conserva o ódio, o ressentimento, durante anos, é porque não há trabalho de luto e porque ele está doente, deficitário, uma parte dele é completamente absorvida por essa história. E quantos pacientes vêm nos ver porque existe um ódio que os absorve! Portanto, o trabalho de luto é precisamente o fato de constatar que este está ausente e presente ao mesmo tempo e que é preciso alimentar essa presença dentro de nós porque ela é fonte de energia. Esse trabalho de luto é válido para todos os entes que amamos e que perdemos, e também quando houve um laço muito estreito com o outro com o qual tivemos um filho, ainda que esse laço tenha se rompido de forma violenta.

Lembro aqui que a Imagem Inconsciente do Corpo não é a imagem do meu corpo. Se peço a uma criança para desenhar sua família, ela a desenha às vezes sem representar-se a si própria. A imagem inconsciente do corpo não é o desenho dela mesma na folha de papel. A imagem inconsciente do corpo exprime-se às vezes pela imagem da criança no papel, mas há muito mais imagem inconsciente do corpo na representação de toda a família e uma melhor expressão da imagem inconsciente do corpo que o simples desenho de si próprio. É possível também, ainda acompanhando Françoise Dolto, que às vezes a imagem que temos de nós mesmos, desenhada ou no espelho, seja uma máscara da Imagem Inconsciente do Corpo. Logo, a imagem inconsciente do corpo não é a imagem do corpo nem a representação imaginária do meu corpo ou da minha pessoa. Ela é mais difícil de apreender, e acho totalmente pertinente dizer que a imagem inconsciente do corpo é em primeiro lugar um laço. Pronto, é um laço. Se me perguntarem qual é a primeira característica – porque Françoise Dolto fornece várias características para a imagem inconsciente do corpo – eu direi: trata-se de um laço. Isso significa que esse laço é um laço de linguagem, não um laço de fala. Nosso laço de linguagem, nesse momento em que lhes falo, não é minha fala, é o contexto, o dia, o tempo, o espaço, os gestos, o conteúdo, a psicanálise etc. Há vários elementos que formam a linguagem. Quando Françoise Dolto diz acerca da imagem inconsciente do corpo que ela é uma relação de linguagem, isso significa que não é necessariamente da fala de que se trata. A fala faz parte da linguagem, é a linguagem falada. A linguagem é tudo que nos liga: espaço, tempo, lugar, objetivo, e tudo que nos enquadra, nossos valores, nossos ideais, nossos códigos comuns. Não esqueçamos a filiação, isto é, que Dolto é linguagem: nesse momento, Dolto é um elemento da linguagem. Ela nos reúne, como essa sala reúne, como Freud ou Lacan nos reúnem. São nossos valores. Tudo isso é linguagem: nossos valores evidentemente ligados à filiação, esse laço é um laço de linguagem. Eu então diria que a imagem inconsciente do corpo é a representação do laço linguageiro com o outro. Eis uma definição. Há outras, e há diferentes tipos de imagens inconscientes do corpo.

Para concluir, quando digo que a dor psíquica é uma lesão do laço com o outro, pode-se efetivamente pensar, em termos de imagem inconsciente do corpo, que é uma lesão da imagem inconsciente do corpo. Por que não? Eu nunca tinha pensado nisso, mas isso me parece preciso e coerente. A dor psíquica seria o afeto provocado pela percepção do eu – é preciso que haja uma percepção do eu, uma percepção pelo eu – de uma lesão localizada na imagem inconsciente do corpo. Com as conseqüências que são os diferentes elementos energéticos. Isso significa que, quando aquela mulher me fala da morte de seu filho, vê-se, toca-se a dor. Essa dor diz respeito a quê? Diz respeito ao laço que há entre a representação do filho vivo, esse filho que é resultado de uma longa luta, e a realidade do filho morto. Enfim, o laço com o outro é o laço entre uma representação psíquica e uma realidade exterior. Alguma coisa está dilacerada, aquilo continua a estar muito presente, e torna-se ausente. É nesse esquartejamento entre uma extrema presença e uma extrema ausência que consiste a dor.

★

Quadro comparativo dos afetos

A DOR	é uma reação à *perda* do amado, à *perda* do seu *amor*, à *perda* da minha *integridade corporal*, ou ainda à *perda* da *integridade* da minha *imagem*.
O CIÚME	é uma variante da dor psíquica. É a reação a uma *suposta* perda do amor que o amado me dedicava e que ele desvia para um rival. O ciúme é um afeto em que se misturam a dor de ter perdido o amor do amado, a integridade da minha imagem narcísica, o ódio contra o meu rival e, enfim, as acusações que eu me faço por não ter sabido conservar o meu lugar.
A ANGÚSTIA	é uma reação à *ameaça* de uma *eventual* perda do ser amado ou do seu amor.
A CULPA	é uma variante da angústia. É uma reação à ameaça de que o ser amado me retire o seu amor, à guisa de *castigo* por uma falta real ou imaginária que eu cometi ou poderia cometer.
A HUMILHAÇÃO NARCÍSICA	é um ferimento na imagem que alimento de mim mesmo.
O ÓDIO	é uma reação ao ferimento da minha imagem, provocado pelo outro amado. O ódio é uma mobilização de *toda a minha violência para atacar o outro* na sua própria imagem. Violência que reabilita a imagem ferida de mim mesmo e me dá consistência: odeio, logo sinto-me ser.

Quadro comparativo entre a dor corporal e a dor psíquica

DOR CORPORAL	DOR PSÍQUICA OU DOR DE AMAR	
	A. Perda do ser amado	*B. Perda de integridade corporal*
• A lesão está localizada no corpo. • A dor é vivida erroneamente, no corpo, mas na verdade ela está no cérebro, quanto à sensação dolorosa, e no eu, quanto à emoção dolorosa. • A dor nos parece exterior e remediável. Ela me incomoda como um mal provisório.	• A lesão está localizada, erroneamente, no mundo exterior: desaparecimento da pessoa do amado. Na verdade, ela está situada no ponto em que a minha sensibilidade mais íntima se arrancou da sensibilidade do outro amado; no ponto em que a minha *imagem* interior vacila, por falta do suporte que era a sua pessoa; e no ponto em que o meu sistema *simbólico* falha, por falta do eixo que era o ritmo do nosso casal. A lesão está no desabamento da fantasia. • A dor nos parece interior, absoluta, irremediável, e às vezes até necessária. Ela está em mim como a minha substância vital.	• Gostamos do nosso corpo como o outro mais amado. Ser amputado de uma perna causa a mesma dor atroz interior que perder o ser mais caro. Essa perda exige um verdadeiro trabalho de luto, que nos ensinará a amar o novo corpo desprovido de perna. • A lesão que provoca a dor corporal se situa no nível da amputação, mas a lesão que causa dor psíquica se situa em três planos diferentes, semelhantes aos que definem a perda do ser amado: o da *sensibilidade* (a perna é uma parte do meu todo sensível); o do *imaginário* (a imagem da ausência da perna muda a imagem do meu corpo); e o do *simbólico* (a ordem psíquica perde uma das suas maiores referências, que é a integridade do corpo).

Excertos das obras de Freud e Lacan sobre a dor de amar, precedidos de nossos comentários

Freud e Lacan raramente abordaram o tema da dor, e raramente lhe dedicaram estudo exclusivo. As citações que se seguem são breves fragmentos espalhados por suas obras.

As linhas em itálico, que apresentam as citações de Freud e de Lacan, são de J.-D. Nasio

O Que é a Dor Psíquica?

Para Freud, a dor resulta de uma súbita hemorragia interna da energia psíquica.

"Uma aspiração se realiza no psiquismo e produz um efeito de sucção sobre as quantidades de excitação vizinhas. Os neurônios associados devem abandonar a sua excitação, o que provoca uma *dor.* Uma dissolução das associações é sempre uma coisa penosa. Um empobrecimento em excitação ... se produz de um modo que se assemelha a alguma hemorragia interna. Esse processo de aspiração provoca uma inibição e tem os efeitos de um ferimento, análogo à *dor.* ... Há também empobrecimento, pelo fato de que a excitação se escoa como que [bombeada] por um buraco ... . É no psiquismo que se situa o buraco."[1] *Freud*

"A melancolia ... é uma inibição psíquica acompanhada de um empobrecimento pulsional; daí a *dor*."[2] *Freud*

"O complexo melancólico se comporta como um ferimento aberto, atraindo de todos os lados para si as energias de investimento ... e esvaziando o eu até empobrecê-lo completamente."[3] *Freud*

★

Nunca Estamos Tão Mal Protegidos Contra a Dor Como Quando Estamos Apaixonados

"[Sendo] dependentes do objeto de amor escolhido, ... nós nos expomos à mais forte das [*dores*] se somos desprezados por ele ou se o perdemos por motivo de infidelidade ou de morte."[4] *Freud*

Perder o amor do amado é também perder o que era o centro organizador do meu psiquismo.

"Se [o amado] perde o amor do outro, do qual ele é dependente, acaba perdendo a proteção contra todo tipo de perigos."[5] *Freud*

★

O Luto e a Dor do Luto

Só nos enlutamos pela pessoa que compartilhou as nossas fantasias. Fomos a fonte da sua insatisfação e ela foi, por sua vez, a fonte da nossa própria insatisfação.

"Quando o objeto [amado e perdido] não tem uma importância tão grande para o eu, reforçada por mil laços, a sua perda também não é capaz de causar um luto."[6] *Freud*

"O objeto cujo luto vivenciamos era, sem que o soubéssemos, aquele que se fizera ou de quem nós fizéramos o suporte de nossa castração."[7] *Lacan*

"Só nos enlutamos por alguém de quem possamos dizer a nós mesmos: *Eu era sua falta*. Ficamos de luto por pessoas a quem tratamos bem ou mal, e diante das quais não sabíamos que exercíamos a função de estar no lugar de sua falta."[8] *Lacan*

O que é o luto? O luto é uma retirada do investimento afetivo da representação psíquica do objeto amado e perdido. O luto é um processo de desamor. É um trabalho lento, detalhado e doloroso. Pode durar dias, semanas e até meses. Ou ainda toda uma vida...

"A tarefa ... não pode ser cumprida imediatamente. Efetivamente, ela é cumprida em detalhe, com um grande gasto de tempo e de energia de investimento."[9] *Freud*

"Cada uma das lembranças, cada uma das esperanças, pelas quais a libido estava ligada ao objeto é trabalhada, superinvestida, e o destacamento da libido é cumprido sobre ele."[10] *Freud*

A dor do luto é um fenômeno incompreensível. O luto é um movimento de afastamento forçado e doloroso do que tanto amamos e que não existe mais. Somos obrigados a nos destacar, dentro de nós, do ser amado que perdemos fora.

"O luto pela perda de algo que amamos ou admiramos parece tão natural ao profano que ele o declara evidente. Mas ... o luto é um grande enigma ...."

"Representamos que possuímos uma certa medida de capacidade de amor, chamada libido, ... ela ... se volta para os objetos que ... tomamos para dentro, no eu. Se os objetos forem destruídos ou perdidos para nós, nossa capacidade de amor (libido) volta a ser livre. ... Mas por que esse destacamento da libido dos seus objetos deveria ser um processo tão *doloroso*, não compreendemos. ... Vemos somente que a libido se agarra aos seus objetos e não quer abandonar os que se perderam. ... Isso é realmente o luto."[11] *Freud*

O luto é um embate permanente entre um amor que não cede o amado perdido e uma força que nos destaca dele.

"Não se consegue vencer o luto, talvez porque seja verdadeiramente um amor inconsciente."[12] *Freud*

Durante o luto, o eu se identifica com a imagem do amado perdido: a sombra do objeto cai sobre o eu. A identificação é uma forma de amor.

"Quando se perde um ser amado, a reação mais natural é identificar-se com ele, substituí-lo, por assim dizer, a partir de dentro."[13] *Freud*

★

A Dor Psíquica se Explica Pelo Superinvestimento da Representação Mental do Amado Perdido

"A passagem da *dor do corpo* para a *dor da alma* corresponde à mudança de investimento narcísico [investimento da representação da parte lesada do corpo] em investimento de objeto [investimento do amado perdido]."[14] *Freud*

★

No Luto, a Dor se Mistura ao Amor e ao Ódio

No luto, somos habitados não só pela dor, mas algumas vezes pelo ódio contra o morto e também pela culpa por sentirmos ódio.

"Muitas vezes acontece que os sobreviventes sejam tomados por dúvidas penosas, que chamamos 'acusações obsessivas', e se perguntam se eles próprios não causaram, com a sua imprudência, a morte da pessoa amada ... Isso não quer dizer que a pessoa enlutada seja realmente culpada da morte do parente ou tenha cometido alguma negligência para com ele, como diz a acusação obsessiva. Isso significa simplesmente que a morte do parente ofereceu satisfação a um desejo [assassino] inconsciente que, se tivesse sido bastante poderoso, teria provocado essa morte."[15] *Freud*

"Só os neuróticos agravam ainda a *dor* que lhes causa a perda de um próximo por acessos de acusações obsessivas, nas quais a psicanálise descobre os vestígios da ambivalência afetiva [amor-ódio] de outrora."[16] *Freud*

Assim como a melancolia, o luto é um combate travado na arena do inconsciente, entre um amor obstinado pela imagem do amado desaparecido e o ódio que permite desfazer-se dela. Ao contrário da melancolia, no luto o combate também pode ser vivido conscientemente.

"Na melancolia, trava-se em torno do objeto desaparecido uma multidão de combates singulares, nos quais amor e ódio lutam um contra o outro; o ódio para destacar a libido do objeto, o amor para manter [a] posição da libido ... Não podemos situar esses combates singulares em outro sistema que não seja o inconsciente. ... É ali também [no reino do inconsciente] que, no luto, ocorrem as tentativas de destacamento, mas aqui nada se opõe a que esses processos se propaguem pela via normal, passando pelo pré-consciente, até a consciência."[17] *Freud*

A psicologia nasceu do desejo de compreender como é possível que, depois da morte de um ser querido, sintamos não só pesar, mas também ódio.

"Não foi nem o enigma intelectual, nem cada caso particular de morte, mas o conflito sentido quando da morte de pessoas amadas e, ao mesmo tempo, estranhas e odiadas, que fez nascer nos homens o espírito de pesquisa. Desse conflito de sentimentos nasceu, em primeiro lugar, a psicologia."[18] *Freud*

★

A Pulsão de Morte Opera no Luto

Acreditamos que a força que, no luto, nos leva a separarnos do morto é uma das expressões da pulsão de morte, tal como a concebemos. De fato, postulamos que a pulsão de morte é essa força interior que tende a nos desembaraçar de todos os obstáculos ao movimento da vida. A pulsão de morte conserva a vida. Assim, o luto é um lento processo de separação vital do morto e de regeneração do conjunto do eu.

"O luto aparece sob a influência do exame de realidade, que exige categoricamente que nos separemos do objeto, porque ele não existe mais. O trabalho [doloroso do luto] é executar essa retirada..."[19] *Freud*

"O luto leva o eu a renunciar ao objeto [desaparecido] declarando o objeto morto ..., desvalorizando-o, rebaixando-o e até, por assim dizer, ferindo-o de morte."[20] *Freud*

"[No luto], a execução da retirada da libido da representação inconsciente do objeto perdido não pode ser um processo instantâneo; é certamente ... um processo de longa duração, que progride passo a passo."[21] *Freud*

★

A Derradeira Dor Seria Gozar Sem Limites

A dor não é estar insatisfeito, mas, pelo contrário, estar entregue a uma satisfação fora de medida. A insatisfação das pulsões refreadas pelo recalcamento é, de fato, menos penosa do que a satisfação absoluta que essas pulsões teriam obtido se não tivessem sido detidas pela censura. Sem a censura do recalcamento, conheceríamos a derradeira dor de um gozo ilimitado. Assim, o recalcamento nos protege contra a hipotética dor da explosão do ser. Essa interpretação do texto de Freud poderia exprimir-se assim em termos lacanianos: a dor é o objeto do gozo do Outro.

"[O recalcamento garante que] uma certa proteção contra o sofrimento seja atingida, pelo fato de que a insatisfação das pulsões mantidas em dependência não é sentida tão *dolorosamente* quanto a das pulsões não-inibidas."[22] *Freud*

★

O Bebê, a Angústia e a Dor

Freud afirma que o bebê sente angústia e dor. Em certas circunstâncias, o lactente vive esses dois afetos confundidos, porque ainda não sabe distinguir a ausência temporária da mãe do seu desaparecimento definitivo. Confunde o fato de perder a mãe de vista e perdê-la realmente. Nesse momento, experimenta um sentimento que é mistura de angústia e dor. Só mais tarde, por volta dos dois anos, quando souber discernir uma perda provisória de uma perda definitiva, poderá diferenciar a angústia da dor.

"Certamente, não há nenhuma dúvida sobre a angústia do lactente, mas a expressão do rosto e a reação pelo choro permitem supor que, afora isso, ele também sente *dor*. Parece que nele confluem essas coisas, que posteriormente serão separadas. Ele ainda não pode diferenciar a ausência sentida temporariamente e a perda duradoura; logo que perde sua mãe de vista, ele se comporta como se nunca mais fosse vê-la, e precisa de experiências consoladoras repetidas para aprender enfim que esse desaparecimento da mãe é habitualmente sucedido pelo seu reaparecimento."[23] *Freud*

Uma situação de perigo é diferente de uma situação traumática. Enquanto o perigo desperta a angústia, o trauma suscita a dor.

"A situação na qual [a criança] sente a ausência da mãe não é para ela [sendo mal compreendida] uma situação de perigo, mas uma situação traumática, ou mais exatamente ela é traumática se a criança sente nesse momento uma necessidade que a mãe deve satisfazer."[24] *Freud*

★

A Angústia da Mulher:
Perder o Amor do Seu Amado

Na fantasia da mulher, o objeto mais precioso, o falo, é o amor que vem do amado, e não o próprio amado. Assim, a angústia especificamente feminina é o medo de perder o amor e ver-se abandonada.

"Na mulher ... a situação de perigo da perda do objeto parece ser a mais eficiente. Permitimo-nos fazer, na sua condição de angústia, esta pequena modificação: não se trata mais da ausência experimentada ou da perda real do objeto [amado], mas da *perda do amor por parte do objeto*".[25] *Freud*

★

O Ciúme é uma Variante da Dor Psíquica

O ciúme é a reação a uma suposta perda do amor que meu amado desvia de mim para um rival. O ciúme é um complexo afetivo que conjuga: a dor de ter perdido o amor do amado, a de ter perdido a integridade da minha imagem narcísica, o ódio contra o rival preferido e, enfim, a auto-acusação contra o eu que não soube defender o seu lugar no vínculo amoroso.

"É fácil ver que [o ciúme] se compõe essencialmente do luto, da *dor* referente ao objeto de amor que se acredita perdido e da agressão narcísica ..., e além disso de sentimentos hostis para com o rival preferido, e de um aporte maior ou menor de autocrítica, que quer tornar o eu o próprio responsável pela perda do amor."[26] *Freud*

★

Gozar da Dor

"Temos todas as razões para admitir que as sensações de *dor*, como outras sensações de desprazer, transbordam para o domínio da excitação sexual e provocam um estado de prazer; é por isso que se pode também consentir no desprazer da *dor*. Uma vez que sentir *dor* se tornou um alvo masoquista, o alvo sádico, infligir *dores*, também pode aparecer, retroativamente; então, provocando essas *dores* para outros, goza-se de modo masoquista na identificação com o objeto sofredor. Naturalmente, goza-se, em ambos os casos, não com a própria *dor*, mas com a excitação sexual que a acompanha. Gozar a *dor* seria pois um alvo originariamente masoquista, mas que só pode tornar-se um alvo pulsional para aquele que é originariamente sádico."[27] *Freud*

A pele é a zona erógena de onde emana a dor perversa.

"No prazer de olhar-e-exibir-se, o olho corresponde a uma zona erógena, enquanto, no caso de componentes da pulsão sexual como a *dor* e a crueldade, é a pele que desempenha esse papel."[28] *Freud*

"O professor Freud observa ... que só se pode aceitar a idéia de que a substância orgânica do sadomasoquismo deve necessariamente ser a superfície da pele."[29] *Freud*

"A estimulação *dolorosa* da epiderme das nádegas é conhecida por todos os educadores, desde as *Confissões* de Jean-Jacques Rousseau, como uma das raízes erógenas da pulsão passiva de crueldade [masoquismo]."[30] *Freud*

★

A Dor e o Grito

O grito exprime, antes de mais nada, uma dor presente, mas ele volta para os ouvidos do emissor para despertar a

lembrança das antigas dores; e para conferir ao objeto que nos faz sofrer o seu caráter hostil.

"Assim, quando [a mãe] grita, o sujeito se lembra dos seus próprios gritos e revive as suas próprias experiências dolorosas."[31] *Freud*

"Há objetos (das percepções) que fazem gritar porque provocam um *sofrimento*. ... Essa associação de um som com uma percepção que [provoca sofrimento] aumenta o caráter 'hostil' do objeto. ... Nossos próprios gritos conferem o seu caráter [hostil] ao objeto."[32] *Freud*

★

Dor de Existir

Lacan identifica aqui a dor com a insatisfação do desejo, e a chama de "dor de existir". Para ele, a dor não seria a reação imediata a uma perda súbita, como afirmamos neste livro, mas um estado indefinido tão longo quanto a duração da vida. Os dois pontos de vista – a dor considerada como uma reação, e a dor considerada como um estado – não são incompatíveis, mas perfeitamente complementares.

"É a excentricidade do desejo em relação a qualquer satisfação [que] nos permite compreender ... sua profunda afinidade com a dor. Em última instância, aquilo com que o desejo confina, ... em sua forma pura e simples, é a dor de existir."[33] *Lacan*

A dor de existir é a dor de estar submetido à determinação do significante, da repetição, e até mesmo do destino.

"Uma espécie de sentimento puro de existir, de existir por assim dizer de um modo indefinido e no seio dessa existência jorrando sempre para ela uma nova existência. ... A existência sendo apreendida e sentida como algo que, pela sua natureza, só pode se extinguir para sempre jorrar de novo mais tarde, e isso era acompanhado para ela precisamente de uma *dor* intolerável."[34] *Lacan*

Nada é mais intolerável do que a existência reduzida a si mesma, a uma concatenação, a um encadeamento de acontecimentos que se sucedem, me dominam e me arrastam. É aí que o meu desejo de viver se abala.

"A experiência dessa *dor* da existência quando nada mais a habita além dessa própria existência, e quando tudo, no excesso do sofrimento, tende a abolir esse termo inextirpável que é o desejo de viver. ... Não há nada, no último termo da existência, senão a *dor de existir*."[35] *Lacan*

O desprazer é desejo, mas não é dor.

"E restará, a partir desse modo de conceber, pensar o prazer como necessariamente atravessado por desprazer e distinguir nele o que, nessa linha de travessia, separa o puro e simples desprazer, isto é, o desejo, daquilo que se chama *dor*. ... É na medida em que essa superfície [a banda de Moebius] é capaz de atravessar a si mesma, no prolongamento dessa interseção necessária, é aqui que situaremos esse caso de investimento narcísico, a função da *dor*, de outra forma – logicamente, falando propriamente, no texto de Freud –, embora admiravelmente elucidado, impensável."[36] *Lacan*

★

Dor e Masoquismo

O masoquismo é o gozo de ser reduzido ao objeto do gozo do Outro.

"... o cúmulo do gozo masoquista não está tanto no fato de que ele se oferece para suportar ou não esta ou aquela *dor* corporal, mas nesse extremo singular ... da fantasmagoria masoquista, essa anulação propriamente dita do sujeito na medida em que ele se faz puro objeto."[37] *Lacan*

"O masoquismo, efetivamente, se define precisamente pelo fato de que o sujeito assume uma posição de objeto no sentido acentuado que damos a essa palavra, o de um dejeto ou do resto do advento subjetivo."[38] *Lacan*

"Não há posição sádica que, para ser propriamente qualificável de sádica, não seja acompanhada por uma certa identificação masoquista."[39] *Lacan*

★

★ ★

Indicações bibliográficas sobre a dor de amar

Freud

"Traitement psychique (Traitement d'âme)", in *Résultats, idées, problèmes*, PUF, t.I, 1988, p.7-8. [Ed. bras.: "Tratamento psíquico (ou mental)", in *ESB* vol.7, Rio de Janeiro, Imago.]

Études sur l'hystérie, PUF, 1990, p.71, 132. [Ed. bras.: *Estudos sobre a histeria*, in *ESB* vol.2, Rio de Janeiro, Imago.]

"Manuscrit G", in *La naissance de la psychanalyse*, op. cit., p.96-7. [Ed. bras.: "Esboço G: Melancolia", in *ESB* vol.1, Rio de Janeiro, Imago.]

"Esquisse d'une psychologie scientifique", in *La naissance de la psychanalyse*, op. cit., p.327, 338-9, 348, 350, 352, 377 e 390. [Ed. bras.: "Projeto de uma psicologia científica", in *ESB* vol.1, Rio de Janeiro, Imago.]

L"Interprétation des rêves, op. cit., p.515. [*A interpretação dos sonhos*, in *ESB* vol.4-5, Rio de Janeiro, Imago.]

Le délire et les rêves dans la Gradiva de Jensen, Gallimard, 1986, p.201. [Ed. bras.: "Delírios e sonhos na 'Gradiva' de Jansen", in *ESB* vol.9, Rio de Janeiro, Imago.]

Les premiers psychanalystes, minutas da Sociedade Psicanalítica de Viena, Gallimard, t.II, 1978, p.439.

Totem et tabou, Payot, 1965, p.96-8 e 104. [Ed. bras.: *Totem e tabu*, in *ESB* vol.13, Rio de Janeiro, Imago.]

"Pour introduire le narcissisme", in *La vie sexuelle*, op. cit., p.88. [Ed. bras.: "Narcisismo: uma introdução", in *ESB* vol.14, Rio de Janeiro, Imago.]

"Éphémère destinée", in *Résultats, idées, problèmes*, op. cit., t.I, p.235-6. [Ed. bras.: "Sobre a transitoriedade", in *ESB* vol.14, Rio de Janeiro, Imago.]

"Remémoration, répétition, perlaboration", in *La tecnhique psychanalytique*, PUF, 1985, p.108. [Ed. bras.: "Recordar, repetir e elaborar", in *ESB* vol.12, Rio de Janeiro, Imago.]

"Deuil et mélancolie", in *Métapsychologie*, op. cit., p.147-9, 167 e 171. [Ed. bras.: "Luto e melancolia", in *ESB* vol.14, Rio de Janeiro, Imago.]

"Complément métapsychologique à la théorie du rêve", in *Métapsychologie*, op. cit., p.140. [Ed. bras.: "Suplemento metapsicológico à teoria dos sonhos", in *ESB* vol.14, Rio de Janeiro, Imago.]

"Considérations actuelles sur la guerre et sur la mort", in *Essais de psychanalyse*, op. cit., p.31-2. [Ed. bras.: "Pensamentos para os tempos de guerra e morte", in *ESB* vol.14, Rio de Janeiro, Imago.]

Introduction à la psychanalyse, Payot, 1961, p.373. [Ed. bras.: *Conferências introdutórias à psicanálise*, in *ESB* vol.15, Rio de Janeiro, Imago.]

"Sur quelques mécanismes névrotiques dans la jalousie, la paranoïa et l'homosexualité", in *Névrose, psychose et perversion*, PUF, 1990, p.271. [Ed. bras.: "Alguns mecanismos neuróticos no ciúme, paranóia e homossexualidade", in *ESB* vol.18, Rio de Janeiro, Imago.]

"Le moi et le ça", in *Essais de psychanalyse*, op. cit., p.238, 240-1. [Ed. bras.: "O ego e o id", in *ESB* vol.19, Rio de Janeiro, Imago.]

Inhibition, symptôme et angoisse, op. cit., p.9-10, 54, 57, 99-102. [Ed. bras.: "Inibições, sintomas e angústia", in *ESB* vol.20, Rio de Janeiro, Imago.]

Sigmund Freud, Ludwig Binswanger, Correspondance, 1908-1938, Calmann-Lévy, 1995, p.280.

Malaise dans la civilisation, op. cit., p.9, 11, 22, 24-5, 52 e 66. [Ed. bras.: *Mal-estar na cultura*, in *ESB* vol.21, Rio de Janeiro, Imago.]

"Moïse, son peuple et la religion monothéiste", in *L'Homme Moïse et la religion monothéiste*, Gallimard, 1986, p.192. [Ed. bras.: *Moisés e o monoteísmo*, in *ESB* vol.23, Rio de Janeiro, Imago.]

Lacan

"Intervention sur l'exposé de D. Lagache: deuil et mélancolie", Société Psychanalytique de Paris, sessão de 25 mai 1937, in *Revue Française de Psychanalyse*, 1938, t.X, n.3, p.564-5.

"Some reflections on the Ego", British Psychoanalysis Society (2 mai 1951), in *Le Coq Héron*, n.78, p.7, 12.

O Seminário, livro 5, *As formações do inconsciente*, Rio de Janeiro, Zahar, 1999, p.241-57, 261-79, 330-46, 347-64.

Le Séminaire, Livre VI: *Le Désir et son interprétation* (seminário inédito), lições dos dias 10 dez 1958 e 17 dez 1958.

O Seminário, livro 7, *A ética da psicanálise*, Rio de Janeiro, Zahar, 2ª ed., 2008, p.77-8, 101-2, 135-6, 290-1, 315-6.

Le Séminaire, Livre IX: *L'Identification* (seminário inédito), lição do dia 28 mar 1962.

"Kant com Sade", in *Escritos*, Rio de Janeiro, Zahar, 1998, p.782-3, 788-90.

"Hommage fait à Marguerite Duras, du *Ravissement de Lol V. Stein*", in *Ornicar*, n.34, jul-set 1985, p.12.

"A ciência e a verdade", in *Escritos*, Rio de Janeiro, Zahar, 1998, p.884-5.

"Psychanalyse et médecine", La Salpêtrière, 16 fev 1966, in *Le Bloc-Notes de la psychanalyse*, 1987, n.7, p.24-5.

Le Séminaire, Livre XIV: *La logique du fantasme* (seminário inédito), lição de 14 jun 1967.

O Seminário, livro 17, *O avesso da psicanálise*, Rio de Janeiro, Zahar, 1992, reimp. 2007, p.81-2.

"La psychanalyse dans sa référence au rapport sexuel", in *Lacan in Italia*. 1953-1978, Milão, La Salamandra, 1978, p.70.

O Seminário, livro 10, *A angústia*, Rio de Janeiro, Zahar, 2005, p.113-27, 146-62 e 352-66.

"Televisão", in *Outros escritos*, Rio de Janeiro, Zahar, 2003.

ALAJOUANINE, Th. (org.), *La douleur et les douleurs*, Masson, 1957.

ASSOUN, P.-L., "Du sujet de la séparation à l'objet de la douleur", in *Neuropsychiatrie de l'enfance*, 1994, 42, (8-9), p.403-10.

BERNING, von D., "Sigmund Freuds Ansichten über die Entstehung und Bedeutung des Schmerzes", in *Zeitschrift Psychosomatische Medizin*, 1980, 26, 1-11.

BOWLBY, J., *Attachement et perte*, t.I: *L'Attachement*, PUF, 1992.

______. *Attachement et perte*, t.II: *La séparation, angoisse et colère*, PUF, 1994.

______. *Attachement et perte*, t.III: *La perte, tristesse et dépression*, PUF, 1994.

BESSON, J.-M., *La douleur*, Odile Jacob, 1992.

BONNET, G., "La souffrance, moteur de l'analyse", in *Psychanalyse à l'université*, 1990, 15, 57, p.75-93.

BRENOT, P., *Les mots de la douleur*, L'Esprit du Temps, 1992.

BUYTENDIJK, F.J.J., *De la douleur*, PUF, 1951.

CANGUILHEM, G., "Les conceptions de R. Leriche", in *Le normal et le pathologique*, PUF, 1952, p.52-60.

CHAR, R., "Recherche de la base et du sommet", in *Oeuvres complètes*, Gallimard, 1983, p.768.

DAMASIO, A.R., *L'Erreur de Descartes*, Odile Jacob, 1995, p.326-34.

DARWIN, Ch., *L'Expression des émotions chez l'homme et chez les animaux*, Complexe, 1981.

Deuil (Le), Revue Française de Psychanalyse, PUF, 1994.

DEUTSCH, H., "Absence de douleur", in *La psychanalyse des névroses et autres essais*, Payot, 1970, p.194-202.

DOR, J., *Structure et perversions*, Denoël, 1987.

______. *Douleurs et souffrance, Psychologie clinique*, 1990, n.4.

FEDERN, P., *Le moi et la psychose*, PUF, 1979, p.273-85.

FUNARI, E.A., "Il problema del dolore e dell'angoscia nella teoria psicoanalitica", *Rivista di Psicoanalisi*, 1965, 12, 3, p.267-88.

GADDINI, E., "Seminario sul dolore mentale", *Rivista di Psicoanalisi*, 1978, n.3, p.440-6.

GAUVAIN-PICARD, A., e MEIGNER, M., *La douleur de l'enfant*, Calmann-Lévy, 1993.

GEBEROVICH, F., *Une douleur irrésistible*, Interéditions, 1984.

HANUS, M., *Le deuil dans la vie*, Maloine, 1995.

HASSOUN, J., *La cruauté mélancolique*, Aubier, 1995.

HEGEL, G.W.F., *La phénoménologie de l'esprit*, Aubier, 1941, t.I, p.178.

______. *Premières publications*, Orphys-Gap, 1964, p.298.

HEIDEGGER, M., *Acheminement vers la parole*, Gallimard, 1978, p.64-8.

KRISS, J.-J., "Le psychiatre devant la souffrance", in *Psychiatrie Française*, 1992, vol.XXIII.

LAPLANCHE, J. e J.-B. PONTALIS, *Vocabulaire de la psychanalyse*, PUF, 1978, p.112.

LERICHE, R., *La chirurgie de la douleur*, Masson, 1940.

LEVY, G. (org.), *La Douleur*, Archives Contemporaines, 1992.

MAINE DE BIRAN, *De l'aperception immédiate*, Vrin, 1963, p.89-106.

MAZET, P. e S. LEBOVICI (orgs.), *Mort subite du nourrisson: un deuil impossible*, PUF, 1996.

MELZACK, R. e P. WALL, *Le Défi de la douleur*, Vigot, 1989.

MORRIS, B., *The Culture of Pain*, University of California Press, 1993.

NASIO, J.-D., *L'Hystérie ou l'enfant magnifique de la psychanalyse*, Payot, 1995, p.116-20, 129-32, 137-44.

NIETZSCHE, F., *La généalogie de la morale*, Gallimard, 1971.

NUNBERG, G.H., *Principes de psychanalyse*, PUF, 1957, p.214-9.

POMMIER, G., *L'Exception féminine*, Aubier, 1996, p.205-19.

PONTALIS, J.-B., *Entre le rêve et la douleur*, Gallimard, 1990, p.255-69.

PRIBRAM, K.H. e M.M. GILL, *Le "Projet de psychologie scientifique" de Freud*, PUF, 1989, p.59-65.

QUENEAU, P., e G. OSTERMANN, *Le médecin, le patient et sa douleur*, Masson, 1993.

RILKE, R.M., *Élégies de Duino*, Garnier-Flammarion, 1992, p.93-101.

SARTRE, J.-P., *L'Être et le néant*, Gallimard, col. "Tel", 1993, p.379-87.

SCHILDER, P., "Notes on the psychopathology of pain in neuroses and psychoses", in *Psycho-Analysis Review*, 18, 1, 1931.

SCHWOB, M., *La douleur*, Flammarion, 1994.

______. "Souffrances", *Autrement*, fevereiro de 1994, n.142.

SPINOZA, B. de, "L'Éthique", *Oeuvres complètes*, Gallimard, 1954, p.423-5, 526-7.

STECKEL, W., *Technique de la psychothérapie analytique*, Payot, 1950, p.317-47.

SZASZ, T., *Douleur et plaisir*, Payot, 1986.

WEISS, E., "Bodily pain and mental pain", *The International Journal of Psycho-analysis*, jan 1934, vol.XV, parte I, p.1, 13.

Notas*

* Os excertos de Freud foram traduzidos a partir das versões francesas, e as referências aparecem aqui seguidas da indicação dos volumes em que se encontram na *Edição Standard Brasileira das obras completas de Sigmund Freud* (Rio de Janeiro, Imago). As citações de Lacan reproduzem as traduções publicadas em *O Seminário de Jacques Lacan* (Rio de Janeiro, Zahar, vários volumes). (N.E.B.)

Do conjunto dos capítulos

1. Seria necessário lembrar que o relato de uma experiência que vivemos, mesmo o mais fiel, é inevitavelmente uma ficção, a ficção daquele que o escreveu?
2. Um termo que já utilizamos, e que reencontraremos freqüentemente depois, é o de "pulsão". Neste capítulo, nós consideramos como equivalentes "pulsão" e "desejo". Apesar de suas diferenças, preferimos usar esses dois conceitos indistintamente, levando em conta o seu ponto comum essencial, isto é, que eles designam o movimento no inconsciente, ou mais exatamente, toda impulsão que tende imperativamente para descarregar-se e exprimir-se.
3. Lembremo-nos de que é uma dessas representações simbólicas que será fortemente superinvestida pelo eu, quando este tentar defender-se do transtorno pulsional provocado pela perda do amado. Quanto à utilização do termo lacaniano "simbólico", vamos lembrar isto: A dimensão simbólica comporta sempre dois componentes: uma rede de elementos – ditos "significantes" ou "representações inconscientes" – e um elemento único, situado na periferia da rede, que constitui o seu limite e assegura a sua coesão. Esse organizador da rede é batizado por Lacan de "significante do Nome-do-Pai". Ora, como veremos, o ser eleito tem uma dupla existência simbóli-

ca: como rede e como "um". É rede simbólica quando afirmamos que a sua pessoa está fixada no nosso inconsciente por uma multidão de representações inconscientes. É limite singular da rede, significante do Nome-do-Pai, quando garante a coerência do meu psiquismo. Veremos brevemente que essa função de limite corresponde à coincidência dos ritmos de nossos respectivos desejos. Justamente, quando o corpo do outro morre, o ritmo do meu desejo enlouquece na ausência do compasso regulador de nossa união. É então que a dor de amar aparece.

Dos excertos citados

1. S. Freud, "Manuscrit G", in *Naissance de la psychanalyse*, PUF, 1991, p.97. [Ed. bras.: "Esboço G: Melancolia", in *ESB* vol.1.]
2. Ibid., p.96.
3. S. Freud, "Deuil et mélancolie", in *Métapsychologie*, Gallimard, 1968, p.162. [Ed. bras.: "Luto e melancolia", in *ESB* vol.14.]
4. S. Freud, "Le malaise dans la culture", *Oeuvres complètes*, PUF, t.XVIII, 1992, p.288. [Ed. bras.: *Mal-estar na civilização*, in *ESB* vol.21.]
5. Ibid., p.311.
6. S. Freud, "Deuil et mélancolie", op. cit., p.167.
7. J. Lacan, *O Seminário*, livro 10, *A angústia*, Rio de Janeiro, Zahar, 2005, p.125.
8. Ibid., p.156.
9. S. Freud, "Deuil et mélancolie", op. cit, p.148.

10. Ibid., p.148.
11. S. Freud, "Passagèreté", *Oeuvres complètes*, PUF, t.XIII, 1988, p.323. [Ed. bras.: "Sobre a transitoriedade", in *ESB* vol.14.]
12. S. Freud, *Les premiers psychanalystes*, Gallimard, 1983, t.IV, p.139.
13. S. Freud, *Abrégé de psychanalyse*, PUF, 1985, p.65. [Ed. bras.: "Esboço de psicanálise", in *ESB* vol.23.]
14. S. Freud, "Inhibition, symptôme et angoisse", *Oeuvres complètes*, PUF, t.XVII, 1992, p.286. [Ed. bras.: "Inibições, sintomas e angústia", in *ESB* vol.20.]
15. S. Freud, *Totem et tabou*, Payot, 1965, p.96. [Ed. bras.: *Totem e tabu*, in *ESB* vol.13.]
16. Ibid., p.104.
17. S. Freud, "Deuil et mélancolie", op. cit., p.168.
18. S. Freud, "Considérations actuelles sur la guerre et sur la mort", in *Essais de psychanalyse*, Payot, 1981, p.32. [Ed. bras.: "Pensamentos para os tempos de guerra e morte", in *ESB* vol.14.]
19. S. Freud, "Inhibition, symptôme et angoisse", op. cit., p.286.
20. S. Freud, "Deuil et mélancolie", op. cit., p.169-70.
21. Ibid., p.167.
22. S. Freud, "Le malaise dans la culture", op. cit., p.266.
23. S. Freud, "Inhibition, symptôme et angoisse", op. cit., p.284.
24. Ibid., p.284.
25. Ibid., p.258.
26. S. Freud, "De quelques mécanismes névrotiques dans la jalousie, la paranoïa et l'homosexualité", *Oeuvres complètes*, PUF, t.XVI, 1991, p.87. [Ed. bras.: "Alguns mecanismos neuróticos no ciúme, paranóia e homossexualidade", in *ESB* vol.18.]

27. S. Freud, "Pulsions et destin des pulsions", in *Métapsychologie*, op. cit., p.27-8. [Ed. bras.: "As pulsões e suas vicissitudes", in *ESB* vol.14.]
28. S. Freud, *Trois essais sur la théorie sexuelle*, Gallimard, 1987, p.85. [Ed. bras.:"Três ensaios sobre a teoria da sexualidade", in *ESB* vol.7.]
29. S. Freud, *Les premiers psychanalystes*, op. cit., p.139, 6 nov 1912.
30. S. Freud, *Trois essais sur la théorie sexuelle*, op. cit., p.122.
31. S. Freud,"Esquisse d'une psychologie scientifique", in *La naissance de la psychanalyse*, PUF, 1991, p.348. [Ed. bras.: "Projeto para uma psicologia científica", in *ESB* vol.1.]
32. S. Freud, "Esquisse d'une psychologie scientifique", op. cit., p.377.
33. J. Lacan, *O Seminário*, livro 5, *As formações do inconsciente*, Rio de Janeiro, Zahar, 1999, p.350-1.
34. J. Lacan, *Le désir et son interprétation* (seminário inédito), lição de 10 dez 1959.
35. Idem.
36. J. Lacan, *Problèmes cruciaux de la psychanalyse* (seminário inédito), lição de 10 mar 1965.
37. J. Lacan, *L'Identification* (seminário inédito), lição de 28 mar 1962.
38. J. Lacan, *La logique du fantasme* (seminário inédito), lição de 10 mar 1967.
39. J. Lacan, *O Seminário*, livro 5, op.cit., p.326.

Coleção Transmissão da Psicanálise

Sobre a Interpretação dos Sonhos
Artemidoro

Não há relação sexual
Alain Badiou

Fundamentos da Psicanálise
De Freud a Lacan
vol.1 e vol. 2
Marco Antonio Coutinho Jorge

Trabalhando com Lacan
Alain Didier-Weill e
Moustapha Safouan (orgs.)

Por Amor a Freud
Hilda Doolittle

A Criança do Espelho
Françoise Dolto e J.-D. Nasio

O Pai e sua Função em Psicanálise
Joël Dor

A Psicanálise de Crianças e o Lugar dos Pais
Alba Flesler

Freud e a Judeidade
Betty Fuks

A Psicanálise e o Religioso
Phillipe Julien

Freud
Octave Mannoni

Cinco Lições sobre a Teoria de Jacques Lacan
Como agir com um adolescente difícil?
Como Trabalha um Psicanalista?
A Dor de Amar
A Dor Física
A Fantasia
Os Grandes Casos de Psicose
A Histeria
Introdução à Topologia de Lacan
Introdução às Obras de Freud, Ferenczi, Groddeck, Klein, Winnicott, Dolto, Lacan
Lições sobre os 7 Conceitos Cruciais da Psicanálise
O Livro da Dor e do Amor
O Olhar em Psicanálise
Os Olhos de Laura
Por que repetimos os mesmos erros?
O Prazer de Ler Freud
Psicossomática
O Silêncio na Psicanálise
J.-D. Nasio

Guimarães Rosa e a Psicanálise
Tania Rivera

A Análise e o Arquivo
Freud – Mas Por Que Tanto Ódio?
Lacan, a despeito de tudo e de todos
O Paciente, o Terapeuta e o Estado
A Parte Obscura de Nós Mesmos
Retorno à Questão Judaica
Elisabeth Roudinesco

O Inconsciente a Céu Aberto da Psicose
Colette Soler